U0031479

好好對話
的力量

Sarah Rozenthuler 莎拉・羅森圖勒 著　黃庭敏 譯

How to Have
Meaningful Conversations

7 Strategies for Talking About What Matters

獻給我的父母，

感謝我們之間大大小小的所有對話。

目 次
CONTENTS

PART I
打好基礎

Chapter 1
小小的對話改變，能為人生帶來大大的不同

Chapter 2

為什麼溝通總是不順利？

Chapter 3

對話前，你需要⋯⋯

PART **II**
七大轉變

Chapter 4

轉變 1：克服「不敢開口的恐懼感」

Chapter 5

轉變 2：打造容器，讓對話自在且療癒

Chapter 6

轉變3：澄清本意，不再逃避對話

Chapter 7

轉變4：溝通，從尊重開始

Chapter 10

轉變 7：畫下句點，難說的話更要好好說

PART **III**
對話練習

後記
來吧，我們一起談談

Further Reading
參考書單

Acknowledgements
致謝

人生的問題，對話有解

在我的一生中，我一直覺得（也體會到），彼此相愛的人之間，沒有什麼問題是無法透過討論來解決的。對話的力量巨大無比。然而，我可以告訴你，在我對超過一萬人心靈指導的二十五年生涯中，我確實遇過（比我所料想的還更多），即使在平常親密、相愛的關係中，有的人非常不情願以直接的對話，交流他們「實際」的訊息。

許多人其實都不願意公開討論可能暴露自己的事情，更不用說是一點點的不愉快或稍微火藥味的事了。我思考這點好一段時間，因為我知道在內心深處，大部分的人都渴望**被了解**和**得到傾聽**。究竟，茫茫人海中，這兩種態度是如何並存的？

然後我開始看出癥結所在。問題不在於人們不想要表露自我，或是無法忍受探索最細微的差異。相反的，許多人就是覺得沒有辦法進行這類對話。他們沒有信心可以「支撐得住」或是「保持冷靜」，或避免情緒爆發，或是避開指控、責怪、傷害的言語。

結果是，許多人發現自己卡在令人不悅、不情願或無法解

決的情況中，以避免談論令人不快的事情。下場就是，他們忍受一個不悅，來避免另一個不悅。

不過現在，莎拉·羅森圖勒告訴我們，「澄清事實」的對話或交流，未必令人不悅。而且實際上能夠在各種情況下，即使是想要結束關係時，都能創造前所未見的愉快氣氛。

本書將救生索拋向那些陷入沉默、和經歷「寂靜絕望」時刻（有時長達一生！）的人。本書提供有用的技巧、方法和溝通策略。簡而言之，都是大多數的人期盼情況有所不同時，所希望擁有的妙計。

莎拉提醒我們，即使是最艱難的對話，慈悲、關懷、耐心、理解與愛都能發揮作用，並確實能夠形成對話的**基礎**。

在人生中，有普通的對話，也有**重要的對話**，其中大有學問。如何透過對話產生理想的結果，這是我們都想要更加了解的事。一位很棒的心靈導師曾經建議我：「說出你的真實看法，但心平氣和地修飾你的話。」這短短幾個字，就是你手上這本出色書籍的所有內容。

如果你在表達個人感受，或面對內心的真實看法時，遇到一點困難，這可能是你讀過的最重要的書之一。

莎拉，謝謝妳做出的非凡貢獻。

尼爾·唐納·沃許（Neale Donald Walsch）

靈性導師，千萬暢銷作家

好好對話，是一段改變人生的旅程

　　你是否曾經想過，像「對話」這種簡單的事情，可能是翻轉生命的契機？從我工作上指導領導者的經驗和生活心得，我一次又一次地見證，相較於保持沉默，與人交談更能促成人生轉向，邁向一條不同、且更令人振奮的道路。

　　無論是與家人朋友、同事，還是與路上陌生人交談，對話總是令我著迷。在本書中，我分享了我職業生涯重要轉捩點的故事。因為我鼓起勇氣與某人對話，這個人給了我借調到內閣辦公室的機會。由於那次簡短的談話，我從雪非耳（Sheffield）搬到倫敦，成為我人生全新篇章的起點。我很好奇，如果你勇敢地與某人交談，會帶來怎樣的全新歷險？

　　我喜歡把對話看作不光是「說話」，而是通往全新人生的管道。要使對話成為「出路」，察覺我們溝通的方式會有所助益。事實上，我們散發的能量、所做的準備、有多敞開心扉，都會影響談話的進行。

　　然而問題在於，人不是天生就知道如何有效溝通。我們學到了語言，但卻沒有學到如何與人交談，特別是在討論艱難的

議題時。人們常常需要擴充技巧與拓展自我概念，才能嘗試新的領域。而我寫這本書的目的，就是幫助你順利度過「重要對話」。在過程中，或許有些許不適、需要堅持立場，或展現自我本色，而不是偽裝自己。

這本書首次出版七年後，我依舊對人們溝通的方式，感到興致盎然。而我從寫作過程中，以及從舉辦「重要對話技巧」研討會上，所收到的反饋，更讓我感動不已。讀者和研討會的參與者提醒我，不管在家裡、辦公室，或是更廣闊的世界，在日常中，簡單尋常的對話交流，是如何豐富我們的生活。他們的反饋也給了我三點重要的啟發，我在此與大家分享。

第一，我們能從彼此身上學到的東西太多了。我曾經多次在正式指導別人的課程結束時，懷疑是誰在指導誰，因為我在談話中深受感動。我在本書中分享自己的經驗、信念與學到的教訓，相信能夠幫助你跨越門檻，進入更深度的溝通。

我非常了解選擇不交談而後悔的痛苦。當我回顧與父母以及前夫的關係時，常想著，如果當時我沒有壓抑難以啟齒的感受，事情是否會有所不同。

至於對話處理不當所造成的後果，我們許多人都再熟悉不過了。我從職場以及家庭生活的激烈交鋒中了解到，躲在電子郵件或禮貌的沉默後面，短期內似乎比鼓起勇氣交談容易。不過，我也學到，保持沉默的風險，通常比說出口的風險更大。結果是憎恨會惡化、距離會擴大、關係會瓦解。

第二，我得知人們渴望擁有有助交談的實用工具。而原文書書名從第一版《改變人生的對話》（*Life-Changing Conversations*）到第二版改為《好好對話的力量》，正反映出我希望鼓勵讀者積極投入對話，談論真正重要的事物。我們通常不會在一開始就打算讓對話改變人生，這是事後回想才變得更加清楚的事情。

　　此外，準備好開場白、挑選時機、有意識地選擇對話的地點，是本書提到的幾點實用指引。我期待本書談到的工具和技巧，能夠幫助你更海闊天空，讓似乎不可能達成的對話變得可能。

　　最後，在協助數千人進行溝通多年後，我比以往更清楚了解，我們最想要的，是人與人之間的真實連結。為了達成這點，需要注意對話的兩大方面：外在與內在。儘管對話的外在形式，像是：說出恰當的話、決定話題的優先順序、提出問題而非只是發表意見，這些都相當重要。但對話時，還要注意「內在心態」，情況才會真正開始轉變。

　　若能意識到自己內心中無形、未經審視、持續的對話，會對我們與他人交談的方式以及發生的結果，產生巨大的影響。一旦不再認同「內心小劇場」上演的戲碼，也就是我們對自己講的故事，就可以用新的方式與他人相處。在談話時就不會冤枉別人，也不會貶低自己。

　　我們處理談話的方式，不僅會影響自己的生活，還會影響

周圍人的生活。人們可以療癒或傷害一段關係、開始或結束夥伴關係、展開或結束一段人生篇章，這都取決於溝通的方式。談話就是行動，可以成事，而我們最好不要視其為理所當然。

　　總而言之，我希望讓你知道，特別是當你覺得內心緊張或不安時，除了避免說話或走開之外，還有更多的可能性。透過更加注意溝通的方式，對話成為一種強而有力的方式，可以為你和你接觸到的人的生活，帶來正面的變化。

難以開口的話，該怎麼說？

如果你可以進行一段改變人生的對話，對象會是誰？是你的夥伴、同事、老闆、鄰居？要是你找到談話的辦法，你的重要對話會有什麼不同？有助於消除疑慮、療癒傷痛或重建關係嗎？

我相信，對話在人生中至關重要，但許多人都難以啟齒。我們擔心觸怒別人、失去工作，或傷害所擁有的愛。然而，這本書將提供進行對話、拋開包袱、讓人生向前邁進的知識。

藉著增進共同談話的能力，我們能為自己、還有接觸到的人，創造想要的生活。如果其中一人找到談話的勇氣，然後是另一個人，接著又一人，這樣的骨牌效應甚至能夠改變世界。

我們生活在科技、社會和金融方面，都在發生巨大變化的時代，許多人正在經歷不久前都無法預料的劇變。無論是必須踏入新的工作場域、結束一段關係或離鄉背井，都得克服前所未有的難關。

身處這樣的動盪之中，對人與人之間談心交流的需求，變得更加迫切。我們快速奔向充滿未知的未來，卻有許多人感覺

愈來愈迷惘。畢竟，連眼前的科技都還沒精通，明天又出現了新的科技。大家可能在電腦螢幕前感到孤立，因為有些對話沒有進行而深感困擾。

而探索這些未知的領域，需要一套新的技能。我們需要超脫有限的自我、掌握新技巧和建立關係的工具，以重新連結彼此。無論眼前是什麼特殊挑戰，例如破碎的關係、家中未知的情況或重大的職業選擇，都可以做好應變、克服衝擊，因為我們懂得進行有意義的對話。

事實上，能夠發掘與別人產生共鳴的新方法，這種能力非常重要。畢竟，許多人正在面臨艱困時刻與困難的決定。或是，我們也想要對重大的事情暢所欲言、擺脫過時的承諾，或創造更具意義的人生。話說回來，這些挑戰多有一個共通點：要與他人互動。而一旦挑戰涉及到另一個人，還有更重要的因素需要考慮：進行對話。

媽媽說的話，改變了我的一生

我清楚記得，第一次永遠改變我人生方向的對話。我當時是削瘦的 17 歲少女，正在準備考試、以取得普通教育高級程度證書（A-level）。在這之前的四年時間，我都對要修哪個學位感到焦慮。因為我的父母告訴我，這個決定將影響我一生。我獲得在諾丁漢大學（University of Nottingham）研讀建築的

機會，這是我在年幼的 13 歲，就已選擇的科目。我在高中修了數學和科學來支持這個決定，儘管我內心更喜歡藝術。

在我期末考試的前一天晚上，晚餐的對話出現意想不到的轉折。當時是 1980 年代後期，在靠近威爾斯邊界、我成長的士魯斯柏立（Shrewsbury）小鎮，家人還會一起吃晚餐。我媽媽從桌子另一邊看著我說：

「我認為妳不是真的想念建築，對吧？」

我很震驚，我以為多年來都知道，自己長大後想做什麼。

「妳為什麼這麼說？」我緩緩地問她。

「嗯⋯⋯」媽媽小心翼翼地繼續說著，「每當我提起妳去諾丁漢大學讀書的話題，妳就不想談。我知道妳會喜歡大學，所以我唯一可以想到的原因是，妳不想念建築。」

「我⋯⋯呃⋯⋯」

我說不出話。我離開餐桌，上樓進我的房間。我關上代數課本，將所有複習筆記收好，坐在書桌前望著窗外。隨著呼吸速度放緩，我可以感覺到肩膀下沉，整個人放鬆。我想了想，當建築師實際上一直是我爸爸的夢想。我向自己坦承，我對立體幾何學毫無辦法、我覺得工程圖很困難、我對人的興趣遠遠多過建築平面圖。我不是當建築師的料，也不適合當工程師。後者是我父親選擇的職業，但當工程師無法提供他想發揮創意的機會。

當我坐在那裡，就快要踏入成年生活，我感覺到媽媽再真

實不過的話語，在我內心湧動。她說出我早已知道、但卻未察覺的事情。隨著我了解到，自己其實不想成為建築師時，我感到完全的解脫。我看著太陽悄悄落入地平線，那時的我並不知道，由於和媽媽的簡短交談，我的人生會走上完全不同的道路。

那次談話確實是個轉捩點，沒有那段對話，我不會轉而研讀心理學，專攻組織心理學，並成為對話顧問。我不會撰寫這本書，你手上也不會有這本書，而在世界的某個角落，或許會多出幾棟古怪的建築。

儘管這段對話在當時似乎是憑空出現，但在數年後，我發現對我媽媽而言，卻是另一回事。她和我的父親多次討論是否要對我說些什麼，之後她進行評估、仔細思考對話內容，最後決定需要說出來。她接著選擇對話的時刻、搜索恰當的詞彙，並給我空間來消化對話的衝擊。我的媽媽是進行改變人生對話的大師。

擴展我們的談話能力，特別是在面對重大選擇時，是個能提高生活品質的技巧。我相信，透過和他人互動，是最快蛻變成長的方法。無論在個人、職場和親密關係中，人際關係是成長進步的重要舞台。藉由和他人交談，我們開始了解自己的本質與個人能力。

人生重要關頭的對話給予我們無比的契機，迎向突飛猛進的成長。更重要的是，在這個變化無常、難以預測的時代，對話讓人有機會對人類更廣泛的發展，做出貢獻。現在，許多人都希望有個可以滿足每個人需求的全球社會，但是唯有我們能夠互相交談與傾聽，這個夢想才會實現。

我們都可以，在有意義的對話中感覺幸福

我期望這本書能改變你的人生，我希望它能為你的重要對話鋪路，啟發、激勵你投入其中。藉著閱讀本書，但願你能開拓心靈至新的深度、將人生提升到新的高度、修復屬於你負責照料的那一部分世界。在閱讀這些篇章後，我相信你有能力，和誰都能隨時隨地交談，而且不會畏懼或羞於討論最重要的事。

為了創造所有人都能一起幸福生活的世界，我們需要更有意識地參與對話。在我的經驗中，重要對話不會無故發生。我們必須為對話做準備，深入其中，並且確實參與對話。人們很容易忽視對話的力量，這是如此平凡、不起眼的工具，被我們視為理所當然。但如果希望對話改變人生，就需要盡本分，做好該做的事，結合外在與內在世界。

在外在方面，有可以練習的溝通技巧、能利用的工具與可採取的態度。而主動找人進行交談時，這些外在資源讓我們有

充足的應變能力。畢竟,「換位思考」、積極地與別人對話,同時保有自我,通常不容易做到,所以擁有一些行動指南,可以增加我們在這方面的信心和能力。

　　然而,更重要的是,重要對話所需的內在工作。舉凡更寬廣的視野、更寬宏大量的精神、喚起自身的最佳能量,這些都源自更深度的自我意識。事實上,外在現實的任何重大改變,包括我們的對話,總是出現在意念轉變之後。在最好的狀態下,真正的對話,是無須技巧的。

　　因此,這本書好比一條由眾多的線交織而成的壁毯。內容來自數百次輔導課程和數千次對話,其中對象包括家人和朋友、同事和客戶,以及「對話溝通界」的前輩。我也將一些個人重要對話的經驗編入書中。

　　本書同時從對話領域汲取工具、從心理學科汲取見解、從「新靈性」汲取智慧。這種強大的組合,能夠轉變人們談話的方式,以及我們在世上和人生行動的方式。

本書的使用方式

　　在**第一部分**,我指出對話是人生發展的主要媒介,微小的改變可以造成很大的不同。我概述了破壞對話的情況,並說明為何成為更有自覺、有創意的參與者,有助於改變我們談話的方法,得到更好的結果。

在**第二部分**，我描述了有意識的七大轉變，使我們能夠進行改變人生的對話。我透過七個人的故事來解釋七大轉變，他們在生命中的重大時刻「竭盡全力」，以找到談話的方法，這些時刻包含離開一段關係、接受新工作等。

在**第三部分**，我會提供一些練習，協助你展開重要對話。只要知道準備的方法，即使是談論棘手的事情，溝通起來也會比想像中簡單。你不需要做完所有的練習，完成一項練習或許已足以創造所需的轉變。請運用你的直覺，朝你能量流動的地方前進。

七大轉變，讓對話療癒且有效

本書的核心是我所謂的七大轉變，這有助於你展開改變人生的對話。這些轉變是：

- **鼓起勇氣**：糾正錯誤，大膽地談論一直被隱藏之事。
- **打造容器**：重建關係，治療傷痛，談論失去和遺忘的事情。
- **意圖明確地傳達訊息**：展望未來，打破僵局，談論人生真正想做的事。
- **用尊重的態度溝通**：為了讓人生更有意義，請說出你最深切的渴望，並有風度地談論對你最重要之事。

- **說出真實看法**：釋放自我，活出自己選擇的人生，說出「殘酷的事實」，在不委屈自己的情況下交談。
- **告別內心小劇場**：停止自我設限，並且更能意識到自己可能會破壞對話，這樣你才能談論新的可能性。
- **畫下句點**：恢復內心的平靜，釋放你的能量，讓對話成為新的開始。

　　本書故事的主角都是過著日常生活的普通人，這是個刻意的選擇。儘管我在英國行政部門、世界銀行、BBC 等大型組織，擔任顧問心理學家長達十多年，但最具啟發性的經驗其實是那些在廚房與臥室的一對一對話，而非會議室裡的交談。

　　不是每個人都是高階主管、商業領袖或公務員。然而，許多人是父母、伴侶與情人、手足、朋友及鄰居。我希望，透過見證其他人如何改變對話，進而扭轉人生，能喚醒你看見新的可能性。

　　書中七個故事都是源自現實生活中的人，所有身分的細節已更動，我創造必要的混合資訊以保護這些人的身分。我非常感激這些人在互動上碰到僵局、需要找尋談話的方法時，選擇了我來陪伴他們。而能幫助他們為重要對話做準備、強化自我、吸收重要對話的衝擊，對我而言一直是個榮幸與學習機會。

　　我相信，只要更加覺察，平凡會變得不平凡，日常的互動

也可以成為改變人生的對話。當思想相遇、心胸開闊、靈魂觸動，一起談話能使人們瞥見更廣大的現實狀況，我們會想起自己是什麼樣的人、個人的獨特之處，以及來到世上要做的事。

　　現在有七十億人口生活在這個星球上，為了能和諧地生活在一起，有些大事必須做到。好消息是，大事是透過每個人採取的小步驟來實現的，而進行改變人生的對話就是其中之一。

PART │

打 好 基 礎

Chapter 1

小小的對話改變，
能為人生帶來大大的不同

在本章，我們將探討：

- 對話的重要性。
- 對話是什麼，以及不是什麼。
- 「我們可以談談嗎？」的問題。
- 對話技巧是可以學習的。
- 人生透過對話而展開。
- 小變化帶來大不同。

觀察大人聊天，我發現……

在大多數人的生活中，對話是重要焦點。我們甚至可以看待人生為一個對話接著一個對話，然後又一個對話。許多人花費大量的時間在與人談話，無論是隔著廚房餐桌、在辦公室內或在派對中。因此，改變談話的方式，會對生活產生重大影響。

我很小的時候，就對談話產生了興趣。而聽著大人談話的我，發現了一些模式，這在數年後，成為我擔任對話導師時的教學依據。不過，對我而言，更受用的是了解到，日常生活圍繞著對話的程度有多高。在與你分享我注意到的事情以前，讓我告訴你，我為何開始熱切觀察對話的故事。

　　我當時 10 歲，感到疲憊，整個人病懨懨。我一直日以繼夜地讀書，準備提早一年參加中學入學考試，因為我母親是老師，她希望加快我的學業進度。醫生告訴我的父母，我必須待在家休養幾個星期，由於母親正在工作，我的祖母就幫忙照顧我。

　　我很好奇想知道敏（家人朋友對我祖母的稱呼）到底如何過日子。她退休了，以前在當地一家橡膠廠擔任接待員超過二十五年。敏總是很活躍，喜好交際，喜歡在她的花園裡閒逛，很愛忙東忙西的。

　　我很快就了解了她的生活節奏。我們大部分的時間，是去拜訪敏的朋友，像是一輪永無止境、喝著咖啡的晨間時光。我永遠無法搞清楚這些女人有沒有丈夫，不過丈夫永遠不會在場。我坐在房間一邊的椅子上，喝著塑料量杯裝的柳橙蘇打，觀察這些女人之間的互動。我和朋友在一起時，我們會玩耍、到處亂跑，但這些大人做的就是**聊天**。

為了不讓自己感到無聊，我發明了一些遊戲。我最喜愛的遊戲是，看看我是否能回想她們對話的脈絡。我會在腦海中記下某人談論的第一個話題，然後試著追隨不同的話題：從自製覆盆子果醬的食譜、超市、新圖書館等等，到最後對話結束在瓊斯太太的臀部與佛瑞德叔叔的葬禮。

令我沮喪的是，我發現自己常常跟不上對話的節奏，大家似乎說東道西，什麼都講。這些女人說八卦、交換食譜、悄悄講祕密時，相當難以跟隨。對話朝著意想不到的方向打轉，又回到原點，然後又搭上了新的話題。

還有一件事讓我印象深刻。雖然敏和她的朋友通常會從看似不重要的話題開始，比如製作酸辣醬，但談話會逐漸轉向更有意義的領域，像是家庭、健康和有人過世。隨著大家輪流說話，對話持續進行，會自然地走向更深入的話題。

在經過許多晨間咖啡時光後，我開始體會到，一起談天是讓這些女人連結在一起的黏著劑。這就是她們互相支持、分享故事、在經常孤獨的生活中尋得慰藉的方式，是對話讓她們保有**活力**。

聽祖母和她的朋友談天讓我了解到，即使是表面上瑣碎的對話，也會帶來很大的好處。一起交談可以：

- 建立友誼。
- 帶來安慰。
- 釐清問題。
- 為決策提供資訊。
- 創造新想法。
- 加深連結。
- 改變思維。

難怪我們花這麼多時間談話！研究證實了這一點。如果我問你，你人生醒著的時間，有多少比例用於和別人談話，你會怎麼說？我在企業界主持的對話討論會中，詢問經理與領導者這個問題時，常見的答案介於 40% 至 80% 之間。此外，出現了一個一貫的模式：領導者愈高階，花在與他人互動的時間就愈多。

勇氣酒廠（Courage Brewery）在 2010 年進行的調查，也顯示了人在日常生活中的說話量。他們在三千名英國成人的樣本中發現，一般人每天進行 27 次對話，每次平均 10 分鐘，全部加起來為每日花費 4 個半小時談話，結果相當驚人。

然而更發人省思的結果是，儘管對話非常司空見慣，但其中近一半（43%）的對話被認為毫無意義。可是，如果我們能夠讓對話更有意義，就會對生活品質產生巨大的影響。而這帶出了一個問題：好的對話有什麼要素？

對話是什麼，以及不是什麼？

不是所有的言語互動都是對話。比方說，大喊大叫不是對話；國會辯論不是對話；簡報結束時附加的簡短問答時間，不是對話；兩個人說話聲音蓋過對方而沒有傾聽，也不是對話。

英文「conversation」（對話）這個字來自拉丁文的 con 和 versare，前者的意思是「一起」，後者的意思是「旋轉」，所以對話的本質是「一起旋轉」。好的對話節奏並非像是恰恰或兩步舞那種規定的節奏，而是一種即興表演，每個人的動作都是在回應對方。我們不知道會往哪裡去，沒有人在控制……但是舞還是繼續跳下去！

那麼，是什麼因素，讓語言交流成為「對話」？根據我從晨間咖啡時光獲得的經驗，以下是我的幾點觀察：

- 每位在場的人都參與。
- 每個人都說出自己的真實看法。
- 每個人都得到傾聽。
- 大家談論真正重要之事。
- 沒有人試圖控制對話的走向。
- 大家互相尊重彼此的歧異。

真正的對話開啟新的契機。藉由和他人談話，我們可以獲

得從未料想到的答案、解決僵局與決定新方向。隨著思想在共同的空間發出火花與光芒，我們感覺到人生也熾熱起來。

儘管如此，對話並不是可以解決所有問題的萬靈丹。有時候，我們必須在沒有進一步討論的情況下，迅速採取行動。其他時候，則需要靜靜等待，直到變動的風暴平息。然而，在不說話的時候，明智的做法是問問自己，**轉身離開**是否是正確的決定，或者真的是唯一能做的事情嗎？這當中有很大的區別，接下來會提到。

「我們可以談談嗎？」

在人生的許多關鍵時刻，例如決定結婚對象、去哪個機構上班，或是否生小孩，最基本的問題是，「我們可以談談嗎？」這句話常用於邀請談話，而它可以是一種訊號，表示有重要的事情需要說出來。

但是，「我們可以談談嗎？」這個問題有其另一面。這也表示「我們**有能力**談話嗎？我們能否繼續對話，而不會有人陷入沉默或言語暴力？」無法共處一室一起交談，是夫妻、親子、不同國家外交官之間許多問題的根本原因。

話說回來，許多的言語互動，都不符合真正的對話。我們保持客套，不說出真正發生的事。然而，一旦人沒有被傾聽，就會退縮，或是像在國外的英國觀光客一樣，說話更大聲，希

望這樣別人能夠理解我們。有很多種方式會讓潛在的對話，以失敗收場。

然而，好消息是，學會更有效地一起交談，進行改變人生的對話，是所有人都能做到的事。如同其他的技藝，關鍵是以正確的方式練習。而掌握好訣竅，能增進我們和他人交往的能力，讓我來分享我是如何學到這一點的。

在大學畢業、取得心理學學位後，我和男朋友開著一台老舊露營車前往西班牙。我放棄了攻讀博士學位的機會，認為陽光、午睡和西班牙水果酒更適合我。我計畫靠教英文來養活自己，然而，在我們的露營車遭闖入，大部分財物都遭竊後，這個計畫開始出現問題。我找不到工作，存款逐漸減少。我開始在瓦倫西亞的街道上閒逛，結識音樂家、工匠和馬戲團表演者。

儘管我非常努力取得大學學位，不幸的是，我無法靠學位謀生。另一方面，我的新夥伴都能夠透過音樂、默劇或製作手工藝來賣藝維生。我特別羨慕楊，他是來自德國、14 歲的新時代旅行者（New Age traveller；按：以車為家，追求游牧生活方式的人），擅長拋接扯鈴。由於我快要身無分文，便模仿他的做法，開始學習雜耍技巧。

隨著我專注地練習，沒過多久，我就可以拋接許多球，不

會有太多球落地。我開始在街頭「賣藝」，當本地人傍晚散步時，我會在繁忙的街道旁表演。兩個小時後，我可以掙得大約 1,000 比塞塔（約合 5 英鎊）的硬幣，這樣的金額當時足以去一趟超級市場購物了。

幾個月後，由於地中海的熱氣令人難以忍受，我們決定前往北方的巴斯克自治區（Basque Country），在聖費明節（San Fermin）碰碰運氣。這是場盛大慶典，每年至少有一名美國遊客在潘普羅納（Pamplona）和牛群狂奔時死亡。

一天下午，當我穿過大廣場時，我注意到一位名叫 El Mago（「魔術師」）的街頭藝人，正在仔細挑選場地。我看著他環顧街道，放下袋子、拿出道具。接下來的 15 分鐘，他吸引一大群人圍觀，並用魔術娛樂他們，例如將繩索連在一起、從女觀眾身上脫下胸罩，最後以破舊的大禮帽收集到大把的鈔票。我想，眼前這位是真正的魔術師。

原來，這位機智、了解街頭生態的 55 歲紐約人，已經靠自己環遊世界多次，資金來自帽中的收入。我們讓魔術師搭便車，讓他可以來往不同的城市，交換條件是請他指導我，如何提升表演功力來賺錢。

他對我說的第一句話是，「妳不要當在打工，而是要當在表演！」

在接下來的幾個月裡，魔術師教我怎麼吸引群眾，娛樂大家，然後讓他們掏出錢來。我發現，讓人們一起大笑、鼓掌和

歡呼，比獨自站在街旁雜耍，要有趣得多了。而讓觀眾參與表演，也大大改變了我帽中的打賞金額。我在 15 分鐘的表演中，賺到和我之前「賣藝」兩小時一樣多的錢。

真正的轉捩點發生在，我的魔術師導師和我分享成功表演的首要祕訣：「找一名志願者，妳帽中的錢會加倍！」

魔術師告訴我，如何挑選有意願嘗試的人，並讓他們成為表演的焦點。我學會問他們的名字，並讓觀眾為這些人鼓掌。當我鋪開墊子，請佩德羅（Pedro）、帕科（Paco）或巴勃羅（Pablo）（按：這三個為常見的西班牙文男性名字）躺下時，任何事情都有可能發生。有些人毫不考慮就躺在地上，有的人猶豫不決，而起碼會有一個小伙子轉身離開。

在我掏出雜耍的刀子後，更不知道接下來會發生什麼情況。我的受害者也許會大笑，或用手擋住重要部位，也可能會打擾表演。壓軸表演是死亡之路，我會在志願者的頭頂上玩雜耍，從腳到頭，刀子在黑暗中閃爍，配上群眾的呼喊聲。

正如魔術師所預測，我帽中的錢確實加倍了，甚至更多。藉著帶入志願者，我讓表演變得難以預測、隨機且熱絡。我必須即興發揮，運用智慧，處理當下出現的任何問題。與在街旁「賣藝」相比，我現在賺的錢是原來的二十倍。我的獨白變成了對話，荷包更賺得飽飽的。

✳

幾年後回到職場時，我開始把在街頭學到和他人交往的經驗，與我在對話方面發掘的知識連結起來。

我成為顧問心理學家後，進入許多不同的組織與政府機構，和各式各樣背景的民眾與團體合作。我開始注意到，計畫會成功或失敗，取決於人們的合作程度，而合作程度又反映了他們之間的交流程度。

團隊成員之間常有策略上的爭執、執行面的爭論和對資源分配的不同意見。當然，只要關係穩固，就禁得起這些艱難對話的壓力。但若是成員之間的關係脆弱，大家要不就會避談這些艱難話題，不然就是談了之後，製造更多的對立。

我很想幫助那些分崩離析的團隊，開口談他們所需要的有力對話。在思考要以什麼方法下手時，我思考著我所學到有關人際互動之事：

- 一旦交流有來有往，我們會感到更有活力。
- 只要能有即興的空間，而非照本宣科，對話就會活躍起來。
- 當人們覺得受到支持和尊重，更有可能踏入未知的領域。
- 若能齊心協力，大家能夠達成的成果，遠超過獨自一人

能夠做到的事。

我仿效優良的心理學家，決定發掘是否有任何研究，證實我在這個領域的觀察。儘管我努力逃離嚴格的科學教育，但過往的訓練使然，我總會問：「有什麼證據？」因此，我將目光鎖定在經驗主義的範圍，開始看看能從專家那裡找到什麼，關於對話的資訊。

對話，其實很有技巧

讓我欣喜的是，我不久就找到一篇令人信服的研究，作者是馬西亞・羅沙達（Marcial Losada）與艾蜜莉・希菲（Emily Heaphy），研究刊登於《美國行為科學家》（*American Behavioural Scientist*）期刊（2004 年 2 月）。這些研究人員觀察了一個大型資訊處理組織中，60 個管理團隊的對話。每個團隊大約有八名成員，他們的對話被錄音、分析，並從下述三個面向進行評估。

研究人員發現，高績效團隊談話的方式，確實有別於低績效團隊。在擁有最高獲利率、最高顧客滿意度與最佳同事評價的團隊中，成員以明顯可見的方式，發展出溝通能力。

我仔細研究了對話技巧，如何對高層團隊產生影響。事實上，這些團隊成員發展出三種能力：

一、他們提出問題的頻率，與表達自己意見的頻率相當
（提問和表達的比率為 1：1）。

二、他們對別人展現和對自己相同程度的興趣，而非只關
注自己（焦點在自己和別人身上的比率為 1：1）。

三、他們的正面評論遠多過負面評論，因此熱情、鼓勵與
支持，遠遠超過諷刺、批評或憤世嫉俗（正面和負面
評論的比率為 3：1，理想的比率為 6：1）。

一旦團隊展現這三種行為，會創造出「廣闊的情感空
間」，讓團隊能在此空間中互動，氣氛愉快、互信，而且有韌
性。相反的，在表現不佳的團隊中，成員不覺得彼此相互連
結，氣氛則悲觀、懷疑而緊繃。換言之，能夠彼此交談的團
隊，是獲利最多與顧客評價最好的團隊，他們就像是找到了把
帽中金錢加倍的方法。

而看了這篇研究後，有一件事變得非常明顯：進行有成
效、且能提高績效的對話能力，是可以學習的。更重要的是，
這些關鍵技巧不只適用於高階主管與企業團隊，更適用於**每個
人**。我深受鼓舞，並自問，關於對話，還有什麼是我可以學習
的，答案是：「很多」。

鼓起勇氣對話，竟然真的改變了人生！

在一場複雜理論（complexity theory）的研討會上，我透過一次交談，發現「對話」是門應用的學問。在大學的最後一年，我認識「複雜系統」的科學後，我就熱衷於學習更多。心理系的主任放棄他教了二十五年的應用心理學課程，來教我們這種新的科學方法。面對學生一片譁然，他回答：「這個更令人興奮和有用多了。何況你們是學生，要激進點！」

這個尖端思想源自不同學科的科學家之間的對話，例如生物學家、經濟學家和氣象學家。他們一起討論後，開始意識到其研究的複雜系統——可能是蟻群、股市，或是天氣鋒面，都擁有一些重要的特徵。首先，複雜系統在長期的未來，本質上是不可知的。即使是最強大的電腦，也無法以任何可靠程度預測，在遙遠未來的某個特定地點會下雨，還是出太陽。（這樣的模式不是只出現在英國夏季！）

當我讀到聖塔菲研究院（Santa Fe Institute）的科學家、在 1990 年代初期出版的首批書籍與論文，我內心深處感到一陣激動。我得知複雜系統的另一個特徵是，系統常在「混沌邊緣」（edge of chaos）運作。混沌邊緣的定義是一個特別區域，在此區域中擁有足夠的穩定度，系統得以存續。但也存在一定程度的創造性混亂，因此系統充滿活力。就是在這個「有限的不穩定」區域中，系統的進化會加速。因此，應該要欣然接受

模稜兩可、意外與共時性（synchronicity，按：由心理學家榮格提出，指在沒有任何可辨識的原因下，觀察者覺察到兩個以上的物體、事件或人之間，有所連結），因為它們可以推動複雜系統以非凡、無法預測的方式自我改造。我認為，這就是科學盡力在解決現實世界的人生。

結果我的教授說得對，複雜系統的研究方法不只即將引發一場科學革命，複雜系統也是實用的。在西班牙，每當我掙扎於旅途生活的混亂，我常常回想起我所學的，「不確定性」是加速進化的催化劑。即使我的生活，在眾所周知的混沌邊緣搖擺不定，令人欣慰的是，這是複雜系統真正進化的地方。因為我將人生的波動（對我來說就像是個複雜系統），視為絕佳的學習環境，所以我能夠坦然接受這樣的經驗，而非挫敗地返回英國。

由於複雜理論有助我在那麼多變動中保持穩定，等到我四年後回歸較傳統的生活，我熱切想知道這個思想的發展程度。在英國，倫敦政經學院有個智庫正在將這些構想應用的領域，從自然科學擴展至組織動力學，並吸引著全世界各式各樣的人才。在他們的研討會上，我和另一位與會者分享我正在行政部門工作，結果這番交流是我人生中又一次的關鍵對話。

他說，「如果妳喜歡複雜理論，又是位心理學家，注意一下『對話』這個新興領域。重點在於，人與人之間的互動如何創造未知的新未來。」

在**我們**更進一步了解對話之前，讓我與你分享另一個故事。這次是關於我探索這個人類互動的先進思想，而直接造成的對話。

我離開西班牙，回到英國後，過了超過一年才鼓起勇氣開始找工作。儘管我知道旅行的這幾年，帶給我最充實與最精彩的經驗，但我懷疑未來的雇主會如此認為。我好幾個月都抗拒寫履歷，因為在「工作經歷」的龐大欄位下，我很難找到合適的文字來填補。

我最後在雪非耳的就業與退休金事務部（Department of Work and Pensions），找到一份工作。我覺得我必須彌補失去的時間，於是決定埋頭苦幹，努力往「成為組織的特許心理學家」目標前進。我認為這會給我一些專業可信度，以平衡我曾與馬戲團浪跡天涯所給人的觀感。

在經過三年辛苦地為公務員設計公平公開的招募制度後，我認為是時候進行下一場冒險了。我渴望搬到南方，不只是為了發展事業，也是為了支持我的丈夫，他當時是（現在也是）一名探戈和爵士歌手。他為了和我在一起，離開故鄉布宜諾斯艾利斯，而我知道我們所在的南約克郡（South Yorkshire）長期下來只會限制他，南方的倫敦在向我發出呼喚。

每隔幾個月，我會搭上一大早的火車，從雪非耳前往倫敦

特拉法加廣場（Trafalgar Square）附近的內閣辦公室。我是政府跨部門招募網絡季度會議中的固定人員。在其中一場會議，我發現內閣辦公室希望徹底重新設計給畢業生的「快速升遷」（Fast Stream）招募方案。這是世界上存在最久的選拔制度之一，在組織心理學家之間謂為傳奇。

我謹慎地謀劃下一步，我想好了需要與誰交談、想發問的問題和進行對話的時機。我從聖塔菲研究院的科學家那裡，了解到互動的重要性，以及互動對「初始條件」特別敏感。一個系統早期行為的微小改變，隨著時間過去，可能在未來造成迥然不同的結果。

一如預期，在下次會議結束時，我等到快速升遷方案的負責人向大家道別。我可以聽見心臟在胸口像個鼓般狂跳，我口乾舌燥到吞嚥時會覺得疼痛。當他開始收拾文件，我走向他並深深吸一口氣，我決心使我們的互動像是個無畏的行為。

「邁可，」我說道，「你有幾分鐘可以談談嗎？」

「當然。」他回答。

我深呼吸，流露出緊張的情緒。「你想改變快速升遷選拔過程的計畫，聽起來非常有趣。這個計畫的時程規畫如何？」

「我們有大約一年的時間來完成。」他回答，「我們剛剛招聘了一位首席心理學家，他下個月會加入我們，之後就可以開始了。」

「聽起來好像有許多工作要做。」我現在的運氣真好，「不

知道你們是否需要更多心理學家的資源？我的部門有個安排借調人員的新計畫，我很樂意到內閣辦公室工作幾個月。你有興趣進一步討論嗎？」

　　如果我沒有感覺到，我們的互動可能會把我帶入全新的未來，我或許永遠無法鼓起勇氣，與邁可進行對話。那時，我還讀了威廉‧伊薩克（William Isaacs）帶來深遠影響的著作《深度匯談》（*Dialogue and the Art of Thinking Together*）。這本書給了我不同的角度，來理解人們如何透過對話改變人生。

　　在威廉的書中，我很高興同時發現對話的理論，以及一些讓理論更生動的實踐模式。這是一本篇幅長又富有啟發性的讀物，但有一個想法特別讓我印象深刻。那就是大衛‧波姆（David Bohm）提出的「展開」（unfolding）原則，他是與威廉長年合作的量子物理學家。

　　根據波姆的說法，我們在世界上看到的一切，都源於、並回歸到一個隱形的現實，他稱之為「隱含秩序」（implicate order）。這個概念相當隱晦，但看到威廉分享了波姆的一個強大比喻後，一切突然鮮明了起來。波姆表示，我們種下橡子，然後這個種子長成橡樹。一般而言，人們會認為種子是樹木的來源。然而，更準確的說法，是將整個環境——空氣中的濕氣、土壤的養分與來自陽光的能量，視為造就樹木的來源。

「種子作為**出路**，讓樹木得以盛放。」威廉寫道（字體強調部分為我所添加）。

出路。這個字眼激發我的想像，點燃我心中的各種疑問。我問自己，如果我把每次對話，都當成開展人生的契機呢？假如我和他人交流時，給對方夠大的空間，這對人生會有什麼不同的影響？我如何培養對話能力，作為出路，為人生創造更多嶄新的可能？

受到威廉的書籍與波姆的概念所啟發，我開始更加注意我所進行的對話。將對話視為讓我能夠一瞥更廣大現實的契機，這使我更加覺察日常的互動。在了解到，無論是對我、還是身邊的人來說，單單一次對話，就可以開啟、或關閉全新未來的大門後，一股強烈的渴望油然而生——我希望能充分**意識到**，自己和他人談話的方式。

回到我與邁可互動的故事。結果是，他那時**確實**有興趣繼續談話。幾個月後，我和丈夫就開心地變身成倫敦人。就因為那次簡短的談話，我們的人生轉向了完全不同的軌道。我開始體會到，一段簡單的對話，可以成為改變人生的強大方式。

只是小小的調整，卻有無窮的對話威力

透過對話創造改變的一大好處是，這是每個人都可以為自己做的事情。我們不需要其他人的許可或批准，也不需要預算

或授權。更激勵人心的是，即使只是在談話中做出小小的改變，也能夠造成深遠的影響。

科學家愈來愈注意到，一件輕微的小事能夠改變一切。複雜理論學家生動地描述，在所有事物都相互連結的世界中，這裡的一個小小改變，可以造成別處的重大改變。隨著時間過去，系統的行為可能因為先前一個幾乎無法察覺的事件，而走上迥然不同的道路。北京的一隻蝴蝶拍動翅膀，可能改變一週後在海地的颶風路徑。同理，這種微小差異造成巨大影響的模式，也適用於我們的對話。

幾年前，我受託幫忙籌備政府某部門大型團隊的外出研討日，總共約有三十名不同層級的公務員，從高階主管到行政助理。他們的領導者希望，所有人共同參與對話，這樣才能夠產生對未來願景的共識。為了得知團隊其他成員真正「最重要的想法」，我在會議開始前，花費一些時間和幾位成員談話。透過這些較不正式的對話，我漸漸了解到，除了構想出新願景之外，團隊也需要表達對可能裁員的憂慮，但這個話題並未正式列入討論議題。

當天上午，在一開始的歡迎詞後，我們花了一些時間「分享」，大家輪流表達個人的感受與想法。接著，每個人分成小組，討論他們團隊的工作有何獨特之處，以及他們與部門其他

單位的共同之處。

上午快結束時，我們又圍成一個大圓圈，進行整個團隊的對話。其中一人提問，這是否是團體治療，我向他保證不是，結束時也不會有集體擁抱。過往的經驗讓我知道，坐在一個大圓圈內進行對話，會導致各式各樣的反應。有些人認為此舉相當激進與令人不安，因為不同於一般的安排，不是讓領導者在房間前方，對排排坐的其他成員「談話」。

在讓團隊討論一陣子後，我開始介入。我受邀提出一些關於對話的意見，我覺得這是說幾句話的好時機。我解釋使對話有成效的幾個關鍵概念，包括：對談話做觀察的「旁觀者」，可以帶來更寬廣的觀點。

為了幫助大家，把這個問題與自己的經驗結合，我問他們，在剛剛進行團隊對話時，是否有任何旁觀者明顯在進行觀察的例子，大家一致認為沒有。

「現在有人願意提出觀察嗎？」我問道。

出現了一會兒停頓。幾秒鐘後，團隊中一位較資深的成員，開始以平靜的聲音發言。

「過去七年來，每次外出研討日，我們都進行和剛剛一樣的對話。」他表示。

我感覺到一致的意見在房間內流動。一開始，沒有人說任何話，但是我看到有些人點頭，有些人坐直身子。

由於將近午餐時間，我們同意下午繼續對話。午餐期間，

我建議小組組長在當天剩下時間放棄原本的議程，這樣才有機會讓大家討論**真正**需要討論的事項。

小小的改變會給對話帶來很大的影響；簡單的觀察能夠使脫軌的討論重新聚焦；微笑可以讓人繼續說話，而不是閉口不談；笑聲可以打破房間裡堆疊的靜默；在無話可說的時候，拍拍肩膀可以帶來安慰。

在公務員會議上，一個簡單的觀察，造成午餐後完全不同的對話。在勇敢提出觀察所帶起的真誠氛圍下，團隊能夠繼續表達對可能裁員的憂慮，以及這對他們個人與集體的意義。多虧此對話的「真實性」，團隊的願景輕易且毫不費力地浮現，而他們保證會以團隊形式，進行更多對話。

也因此，從我探索對話的早期，我就體會到小事的價值。

到了內閣辦公室工作後，我開始接受對話領域的幾位前輩的訓練。我與彼得‧加勒特（Peter Garrett）取得了聯繫，他曾與威廉和波姆密切合作。我聽說他擅長推動對話，特別是在大型團體之間，而我想要學習更多。

我們展開為期三天的訓練計畫，總共二十人圍坐成一圈，前面沒有桌子。每個人介紹自己是誰、來自何處、想要參加訓練的原因。隨著「分享」持續進行，整個房間似乎充滿了豐富的人際經驗和發現彼此連結的喜悅。

在較為正式的教學課程之餘，我們有些時間會用來進行不受議程限制的對話。而這種對話的流暢程度，讓我感到震驚。相較於我在公家機關所習慣的呆板、陳舊會議，我對團隊迸發的創意與前景，感到相當激動。自從我小時候的晨間咖啡時光之後，就沒有一個團體的對話如此生動活躍。

在訓練課程的最後一天早晨，我很早醒來，天還是暗的。我直挺挺地坐在床上，感覺能量湧上我的背脊。「這就是我想做的！」我在黎明的寂靜中對自己說道。以這種方式溝通對我來說有意義多了，每個人的聲音都受到重視，新思維可能浮現，人生說不定會改變。

一年後，當加勒特給了我一份全職工作，我決定跟隨夢想，成為受過充分訓練的對話顧問。在接下來幾年，我參與了大大小小的團體對話，人數從兩人至兩百人不等。我在煉油廠與工會代表、在戒備森嚴的監獄與囚犯、在豪華飯店與高階領導者圍成圓圈進行談話。無論是構思新策略、打破團隊內部的「孤島」，或是重建破碎的關係，對話都是關鍵。不過好消息是，只需要做一點調整就能進行對話。無論對話是在會議室或臥室進行，只要對談話的方式做出小小改變，就能將對話轉化為改善生活的交流：

- 讓每個人在一開始，就說說他們的狀況或想法（在對話中稱為「分享」）。

- 傾聽別人說什麼，且以此為基礎，讓對話保持流暢。
- 意見不合時，以清楚和尊重的方式說出來。當場處理歧異，而不是在離開後才說出口，屆時已經無法改變。
- 觀察對話進行的情況並提出分享，特別是對話偏離正軌、或需要重新聚焦時。

這些是轉開機會大門的小小樞紐……

Chapter 2

為什麼溝通總是不順利？

在本章，我們將探討：

- 科技正在改變人們溝通的方式。
- 對話可能很困難，為何了解這一點會有幫助。
- 扼殺對話的行為。
- 為什麼重點不是說話的內容，而是說話的**方式**。
- 思維會削弱對話。

對話是使我們感到互相連結的原因。如果你回想一段親密友誼的開頭，這一切是如何開始的？你們初次見面時，發生什麼事？答案通常是，始於一場談話。好的對話能夠創造一段終身的友誼、快樂和諧的家庭生活，與成功的事業合作關係。

在這個日益電腦化的世界中，優質的對話愈來愈稀少。許多人認為傳簡訊、推文或寄電子郵件比交談簡單。科技正在改變你我的溝通方式，雖然這代表大家聯繫上更方便，但並不總是意謂著彼此心靈相通。

當然，更加覺察到使對話困難的原因，這一點並不能消除問題。然而，這能讓人更願意直面難處，並在主動溝通時，盡

量不毀了對話。而了解破壞對話的因素，例如自己的行為、信念和傳遞的能量，能使我們更有效地交流。

在人生中，總有些時刻需要面對面談話。要是有重要的事情要說、我們卻轉身離開，恐怕會永遠結束一段關係。

科技是溝通的幫手，還是……殺手？

我在 1970 年代長大的，當時沒有手機。我們會出去玩一整天，父母不會擔心孩子在哪裡。我在 1990 年代初期開始工作，當時沒有筆電。老闆向祕書口述信件內容，祕書以速記寫下筆記，然後使用打字機。

現在，我們躲在電腦螢幕後頭，給坐在旁邊的同事發送電子郵件。離開辦公桌後，還透過智慧手機與人保持聯繫。我們可以同步進行多種互動，卻沒有一種是真正的對話。在這個數位連結的時代，許多人卻覺得失去連結。

電子通訊並非全是壞事，像是電子郵件與簡訊等工具既方便又快速、有效率。以下是這些工具適合做的事情：

- 安排會議。
- 詢問資訊。
- 告知某人正在發生的事情。
- 分享笑話。

- 讓別人知道你在想他們。
- 在不打擾某人的情況下，發送訊息。

在工作上，電子通訊使我們能夠保留「電子郵件足跡」，這是可供參考的交流記錄。在社交生活上，可以分享照片與 YouTube 的影片連結，還可以透過臉書了解朋友的最新動態。

有時大家會說這是「精實溝通」（lean communication），但是，這種溝通有一些重大缺點。當我們需要討論非常在乎的事情，這些缺點就愈來愈容易造成問題：

- **更難建立信任**。透過電子通訊，我們沒有人類解讀訊息時仰賴的社交線索，例如臉上閃現的表情、眼神、身體的姿勢。但如果沒有和某人交談，就會錯過對方說話的語氣、背後的情緒與意圖。
- **人們較可能不誠實**。當我們躲藏在電子郵件或簡訊後面，會更使人不禁說謊。畢竟，寄送電子郵件時，不必真正面對收信者，反而容易覺得可以說謊而僥倖逃過，或是隱瞞其他情況下認為必須分享的資訊。
- **更容易抽離**。因為是遠距離的溝通，更能輕易中斷連結。儘管這有其優點，但也可能阻礙更深入的溝通。如果我們覺得另一方或許會隨時登出下線，就不太會開誠布公。

- **更可能造成誤會**。因為送出的訊息與收到的回覆之間通常有延誤，較難創造流暢的溝通。等到我們讀到某人的回應，可能已變得無關緊要，因為現在和按下送出鍵時的心境已不相同。

身為人類，沒有面對面的溝通時，我們就會想念。人們藉著現有的工具，試著加以彌補，例如在訊息裡加上「表情符號」、在電子郵件中用大寫字母書寫，或使用不同顏色的字體來強調內容。然而，沒有笑臉可以取代擁抱的溫暖；沒有縮寫「LOL」（大笑）可以代替一起大笑；在遇到悲傷的消息時，沒有☺可以表達自己感到多麼難過。有些時候，我們就是需要談談。

為什麼我們無法好好對話？

即使在社群媒體如雨後春筍般冒出之前，許多人就避免面對面的對話。為什麼？說話是如此簡單的活動，會有多困難？在我的人生中，我有時候等待了數年才對某人說出某事。不是幾天、幾週、幾個月，而是**幾年**。但果然，溝通的欲望不會消失。我一直等到受不了沉默絕望的生活時，才終於和對方聯繫，並對他說：「我們能談談嗎？」

在我的指導工作中，我見過無數客戶掙扎著是否要開啟對

話。然而，職業生涯停滯不前、婚姻變得脆弱、友誼凋謝消亡……全都因為我們無法進行談話。

對話是我們與他人關係的核心，並能使人際關係充滿力量與生命力。法國作家安德烈・莫洛亞（André Maurois）稱幸福婚姻為「似乎總是太短的長久對話」。珍・奧斯汀小說中的女主角，在打聽潛在追求者時，經常會問：「他是個健談的人嗎？」如果他不是，就不會被看好。

科學證實，對話能使我們更快樂。《心理科學》（*Psychological Science*）期刊 2010 年報導的研究顯示，幸福是充滿反思與實在對話的人生，而非只有閒聊。心理學家發現，更進一步的幸福感與花更少的時間獨處、花更多的時間與他人交談有關：最幸福的受試者花在談話上的時間，比最不幸福的受試者多出 70%。此外，最幸福受試者的有意義對話數量，是最不幸福受試者的兩倍。這些調查結果顯示，要擁有幸福生活及感到愉快，我們需要進行實在的對話，而非膚淺的聊聊或是獨處。

舉例來說，安潔莉娜・裘莉的前夫是演員比利・鮑伯・松頓（Billy Bob Thornton），後來她才再嫁給布萊德・彼特。而在《星期日泰晤士報》（*The Sunday Times*）的專訪中（2010 年7 月 18 日），安潔莉娜這樣描述關係結束的那一天：他們看著對方，發現再也沒有什麼可談的了，婚姻就此畫下句點。

那麼，究竟是什麼讓對話的挑戰性如此之高？我擷取安布

羅斯‧比爾斯（Ambrose Bierce）的《厭世辭典》（*The Devil's Dictionary*）中給對話下的定義，我認為其中可以看出個端倪：「一種為了兜售無關緊要的小想法而搭建的市集，每位參展者都忙著展示自己的商品，無暇去看其他人的。」

諸多因素導致對話變得棘手。然而，如果明白這些因素，就會對不交談的自己與他人更加寬容，甚至能找到解決這些挑戰的方法：

- **與他人互動**。我們必須傾聽他人，願意接納，而非堅持「照我的條件」。
- **放開控制**。我們必須當下回應別人說的話，而非事先安排好一切。
- **敞開心扉**。我們必須分享真正的想法與感受，表現脆弱的一面，而非躲在面具之後。

因此，對話可能讓人覺得冒險、無法預測和難以控制。在要談論「內容豐富」的事情時，會覺得對話相當艱難，這是可以理解的。

接受我們不能使對方屈服於自己的意志、必然要放棄某個程度的控制、必須把握機會敞開心扉，這些都是重大改變。然而，一旦能夠「接受麻煩」，就可以進行重要對話和改變人生。

這三個溝通地雷，不要踩

你上次與某人保持距離是什麼時候？是什麼讓你退縮了？是他們說了什麼，或沒說什麼嗎？我們經常因為溝通不良，而在一段關係中劃清界限。溝通出錯會讓我們感到沮喪、憤怒和失望。

有三大類的行為會破壞對話。根據我的觀察，在壓力下，人們會傾向展現其中一類行為。沒有哪一類行為比其他種類糟糕，每一類行為都會造成不同的問題。然而，一旦有以下行為，對話就會變得艱難：

- **爭執**：滔滔不絕地攻擊或怪罪對方。
- **逃避**：忍氣吞聲，退縮或封閉自己。
- **停滯**：由於詞窮，陷入停頓或僵住。

爭執會破壞對話，或許是最容易明白的。一旦「大發雷霆」，事後可能很難找到修復傷害的方法。耗費數年建立起來的友誼，可以在幾分鐘內被摧毀。儘管短短一陣狂怒是健康的能量釋放，但大喊大叫持續超過數秒，恐怕會破壞一段關係。

然而，逃避恐怕同樣傷人。當某人拒絕談話，可能使我們痛苦地退縮。我有個朋友花費數年，試圖「消化」沒有經過對話就被斷絕的戀情。他一而再，再而三地和我談論此事，因為

他無法與那個背棄他的女人畫下句點。一段可能只須幾分鐘的對話被剝奪了，他的心為此受傷了好幾年。

當人在談話中僵住，大腦就會停止運轉，我們會停止說話，眼睛呆滯，身體緊繃。而且，無法好好思考或是感受內心的想法。我們失去了與自己和對方的連結。然而，一旦脫節，根本不可能進行對話。

話怎麼說，很重要！

有個故事是，街上有名留著灰色鬍子的男人，坐在一個扁平的紙箱上。許多人從他身邊走過，對他毫不理睬。他的鐵罐裡有幾枚人們施捨的硬幣，旁邊有一個牌子，上面寫著：

我是盲人，請幫幫忙。

來了一位明顯很富有的婦人，她停下腳步，拿起他的牌子，在上面寫了些字，然後放回去。她離開之後，可以聽到硬幣掉落的叮噹聲，接著是更多的叮噹聲，然後是更多，硬幣不斷地湧入。過了一會兒，同一名婦人返回時，男人認出她的腳步聲，並問她：

「妳對我的牌子做了什麼？」

她彎下腰，手搭在他的肩膀上，說道：「我改寫了一下，

但意思一樣。」

改過的牌子上面寫著：

這是美好的一天，但我看不到。

這部短片名叫「改變文字，改變世界」（Change your words, change your world），在我寫作的此刻，在 YouTube 上已有超過 700 萬名觀眾觀看。影片由線上文案行銷公司 Purple Feather 製作，受歡迎程度反映出所要傳遞的訊息有多強大：重點不是說話的內容，而是說話的**方式**。

溝通方式的重要性得到了科學研究的證明。華盛頓大學的學術心理學家約翰・高曼教授（John Gottman），能夠根據伴侶一起討論有爭議議題的 1 小時影片，預測他們十五年後是否仍維繫婚姻，準確度 95%。要是配偶表現出防衛、批評、拒絕回應或輕蔑，可能就需要所費不貲地上離婚法院。

幾年前，我學到**語氣**對談話造成的影響，當時我在一間煉油廠擔任對話顧問。罷工行動的威脅懸而未決，營運經理找我和一位同事幫忙，與工會代表對談。工會代表反對經理將恢復監督職位的決定。雙方試圖討論此決定，但最終卻退回各自的立場，指控對方破壞先前的協議。管理團隊認為工會代表搞破壞、難相處。工會代表則認為經理無禮又無能。

三天的談判會議即將到來，雙方關係進一步破裂的風險相

當高。如果談判不成功，罷工行動就可能成真。此舉恐會導致煉油廠關閉，使企業損失數百萬美元，所以在談判中達成協議至關重要。

在會議召開之前，我和同事分別與雙方面談。我們希望聆聽每一個人的憂慮，這樣才能創造更有助於協商的氣氛。為了與工會方的操作員會面，我跟同事戴上了安全帽，穿上藍色的工作服和巨大的防護鞋。我們開車至廠區的眾多鐵皮屋，在那裡與員工邊喝茶，邊談論他們的不滿。在打量我們並認為可以放心會談後，他們將問題告訴我們，並開玩笑說要給我們新的安全鞋。

談判的第一天，我們被帶到煉油廠中間一個沒有窗戶的房間內。經理與工會代表魚貫進入，並在一個巨大長方形桌子兩邊面對面坐下。氣氛很緊張，我口乾舌燥又頭疼。我面前一疊厚厚的文件詳述著工作內容、工會程序與管理政策，我準備好要迎接漫長的三天。

在我的同事宣布會議開始之前，擔任安全委員會主席的工會高層起身，並清清喉嚨。整個房間陷入沉默。他手裡拿著一張紙，開始念出他筆下的前同事寫照。「一年前，在輪到自己的班時，湯姆還在愉快地說笑，接著他的人生突然永遠改變……」

他描述那場嚴重的意外，幾乎奪走一位作業員的生命，而他先前才對作業員發出工作許可證。儘管所有正確的程序都有

遵守，這位工會高層還是自問，是不是能有任何不同的做法，或是若再多一次實地視察，是否能夠避免意外發生。這不是關於要進一步改造煉油廠營運體質的演說，而是發自內心請求，應認真看待健康與安全，並記得一名因為意外失去健康與生計的員工。

他坐下後，房間一片寂靜。我和我的同事靜靜地坐著。營運經理輕聲地感謝他對週年紀念的致敬，以及提醒大家真正重要之事。她以比我預期更輕柔一些的聲音念出議程，也以較不強硬的方式解釋基本規則。等到下一位工會代表開始發言，她仔細傾聽，並在回答之前停了一下。

談判持續了整整三天。雙方各自說明其「協商底線」，並在情勢過於緊張時要求暫停。在休息期間，我和我的同事鼓勵雙方繼續傾聽對方的意見。在最後一刻，兩方對監督者的角色達成協議。他們成功找到方法對談，雙方從一開始就一直尊重彼此。

當一起談話時，真正重要的是**態度**，這比我們說的內容或做的事情還重要。展現溫情，而非高人一等地說話，就能讓談話保持流暢；尊重而不疏遠，會使對方更願意參與；展現謝意而不是提出批評，能讓對話的大門保持敞開。因此，溝通的語調，主導了對話的走向。

想好好對話，先拋開七種思維

為什麼人與人之間的差異，經常導致衝突？波姆表示，我們需要往更「上游」探討，從說話的方式，往上至**思考**的方式。波姆喜歡說，國家之間的國界完全是由人類思維創造出來的。在我賣藝的日子裡，當我們從法國開車越過庇里牛斯山進入西班牙，風景沒什麼改變，人民也差不多相同。儘管語言、風俗、習慣或許不同，但這些都是思維的產物。如果沒有邊境管制的官員揮手叫我們前進，我不會知道我正從一個國家，跨入另一個國家。

人類的思維無疑帶來優秀的才能，並構築了這個世界，從建築物到財產，到哲學與今天日新月異的科技。然而，思維也能製造分歧，造成很大的傷害。當今世界如此動盪，國與國之間的戰爭頻傳，但我們都已忘記這些假想國界的來源。事實上，製造彼此界線的，正是我們的**思維**。但是，很多人卻不理解這點。我們將雙方的歧異視為鐵錚錚的事實，而非自己創造的想法。因此，我們感到疏離，覺得難以對談。

透過我的輔導工作，我發現有七種思維模式，特別會阻礙對話。對於這些抑制因素，每一種都能用有意識的轉變加以改善。我將在第二部分詳細描述這些轉變。現在，這裡有七個扼殺談話的抑制思維：

抑制思維一：「我沒辦法討論此事。」

「我真的很害怕與湯瑪斯談話。」瑪麗坦承，「他是一個垂死的人，我想要表現出同情心，但我也希望能確保自己的權益。我該如何鼓起勇氣，進行人生中最重要的對話？」

對於許多人來說，重要對話會引發焦慮。畢竟，我們不知道對方會如何回應、談話會如何影響雙方的關係、人生會因此有何變化。但如果放任不管，這股對未知的恐懼，可能壓過我們踏出舒適圈、進入對話的能力。

因為恐懼，我們封閉自己、固守現狀。就連只是想著「對話」，都使腎上腺素充滿全身。我們感到不適，相當害怕這樣的感覺，所以逃避談話。對話停滯不前，而我們的**人生**也是如此。

抑制思維二：「我不知道怎麼主動聯繫……」

「每次我們見面，我都感到困惑和沮喪，所以都草草結束。」莉莉邊回想邊說，「我非常想和爸爸建立關係，但我不知道如何主動聯繫。我想知道，這段父女關係是否有可能及時修復。」

如果感到內心沉重，這可能源自我們認定自己無法與別人建立連結。我們告訴自己彼此太過不同、對方太冷淡、雙方的

鴻溝太大無法跨越。因為不想讓自己覺得更脆弱，於是封閉了自我。

然而，若關係支離破碎，人可能被困在恐懼中，覺得對話會使情況惡化。明明渴望連結，卻抗拒主動聯繫。人們認為自己沒有處理對話的資源，從而逃避談話。

抑制思維三：「我無法決定要怎麼辦。」

「我知道我什麼都不說，很『優柔寡斷』。」皮特承認，「我只是不知道該說什麼。我結婚快二十年，但我無法決定要怎麼辦。我想做出改變，但不知道該怎麼做。」

要談話的念頭可能讓人恐懼地不知所措，因為不清楚到底要說什麼，就告訴自己最好什麼都不要說。情緒在體內持續翻騰著，而我們繼續感到困頓。

然而，一旦堅信「不知道自己要的是什麼」，就會造成心裡的緊張。緊張從我們身上散發出來，而其他人也會注意到這股焦躁不安。如此一來，便釋出前後不一的訊息：我對現在的處境不滿意，但是不會做任何改變。一旦人們不確定是否要交談，對話就變得困難起來。

抑制思維四：「我不想傷害他們的感情⋯⋯」

「我的心已經不在了⋯⋯」維塔坦承，「我想和艾力克斯

談談，但我不想傷害他的感情。我該怎麼跟他談，才能回歸自由，做自己，同時尊重我的家人？」

「害怕傷害他人的感情」，大大阻隔了對話的可能。儘管真實看法難免會改變，但很多人覺得，這時說出心底感受，等於是背叛對方。所以，與其冒險傷害一段關係，倒不如就什麼都不說。

很多人或許認為，這是在體貼對方，但實際上是受恐懼箝制。我們不想要違背他人，因為怕被拒絕。當然，你可以說服自己，這是在顧慮他人的感受。但事實上，我們在逃避內心的感受。結果是，一起對話變成幾乎不可能的任務。

抑制思維五：「我不知道該說什麼……」

「我的腦海中，一直在想著與艾莉森的談話。」提姆透露，「我覺得自己是個真正的懦夫。但是，我不知道該說什麼。我該如何說出心聲，又不會毀了關係？我不想在工作上自斷後路。」

有時，不知道該說什麼，是因為覺得說出真實看法，會讓人聽了很不舒服。所以擔心，要是毫無顧忌地說出口，會遭受強烈反對。因為意識到可能會遭受批判，被認為惡劣，所以就保持沉默。

說出真實看法往往會帶來不舒服的感覺。為了避免這種情況，我們將某些議題視為禁忌。然而，一旦某件事變得「無法討論」，就難以有所改變。為了脫身，我們告訴自己，這只是詞窮，進而避免對話。

抑制思維六：「我是對的，你是錯的！」

「我覺得自己完全被中傷了！」特蕾莎說，「我不敢相信，但我覺得又被霸凌了。吉姆想要陷害我，他的行為惡劣。」

許多人喜歡認為自己是對的，其他人都是錯的，這是我們最容易擁有的感受之一。人有時候願意結束一段關係、離職，或損害個人健康，全都因為想要覺得自己是對的。

「被害者與壞人」心態，是阻撓對話的一大障礙，使人變得僵化和不願接納。這會導致對方抗拒我們所說的話，因為沒有人喜歡顯得有錯。然而，思想封閉時，對話就難以進行。

抑制思維七：「討論這個太困難了。」

「感覺就像一場大災難即將發生。」卡洛斯宣稱，「我需要和弟弟談談，以解決衝突。但是，我該如何說出醞釀了幾個月的事情，同時保持家庭和睦？」

認為「對話太難」的心態，是一個很大的障礙。畢竟，一

想到前方有場硬仗，人會感到緊張，使氣氛更緊繃。

　　由於害怕對話會變成對立，很多人或許會說服自己，談話是沒用的。我們會說，什麼都不會改變，畢竟之前已經嘗試過，只是浪費時間。但這樣的想法會立刻終止對話。

　　然而，找到談話的方法不但可行，而且是必要的。對於「棘手的事情」，談話是唯一的出路。

Chapter **3**

對話前，你需要⋯⋯

在本章，我們將探討：

- 當變得更覺察時，對話如何改變。
- 七大轉變的故事起源。
- 對話的重點是「S.E.X.」。
- 人生經歷，是智慧之源。

許多人都把生活視為發生**在**自己身上的事情，而不是**透過**我們發生的事情。要是被裁員、生病或離婚，就常認為自己是這些不幸事件的受害者。在對話中，當有人對自己大喊大叫、出言貶低或轉身離開時，我們會覺得無能為力。但是，透過覺察、過個有創意的人生，可以改變一切。

所謂更「覺察」，我並不是指思考更多，因為腦補會進一步破壞對話的效果。我也不是說變得更有自我意識，因為那會引起焦慮。我所說的是，以增加生命力的方式，變得更加覺察、更加敏銳和更積極。更重要的在於與他人和生活互動，感到充滿活力。

但大多數人並非天生就知道，該如何「進行重要對話」。因為談話是日常活動，我們可能會假設，應該能夠在與他人相處時，找到自己的方式。但事實並非如此。許多人發現，保持對話暢通無阻很困難，處於人生的關鍵時刻時更是如此。但其實，許多問題都出現在「我們之間」，只能透過覺察，在「我們之間」見機行事來解決。當然，這不是一門容易掌握的藝術。

我在學開車的時候，曾突然想到，路上若沒有其他司機，我也會駕駛得好好的。我很快就掌握了換檔、踩剎車，和在無人的超市戶外停車場開車的技巧。然而，當我在紅綠燈、圓環和交叉路口交涉的時候（簡而言之，與其他司機打交道），我花了更長的時間才掌握竅門。我很快發現，其他人的駕駛方式可能是不可預測、混亂和古怪的。所以，我需要時刻警惕，接下來可能發生在彼此之間的事情。

同樣，找到方法與他人進行更覺察的對話，是我必須學習的事情。在不確定對方會如何反應的情況下，我常常遇到的挑戰是「該如何與對方互動」。

在我生命的某些關鍵時刻，我曾很費勁地與最親近的人交談。我問過自己很多次，「要怎樣才能進行重要對話？」我花了二十多年，才找到這個問題的答案。

我相信對話中要做出七大轉變，本書第二部分將逐步探討。下面我將分享這些轉變的故事起源。當然，這些見解都不

是一閃而過的直覺，而是隨著日常生活慢慢形成，然後反思所發生的事情。靈感也不是按照書中，七大轉變整齊有序的順序出現。人生可能雜亂無章，隨時在變動，但我相信，人生寫下了最深刻的智慧之書。雖然每個人的人生細節不同，但都感受到愛、恐懼、嫉妒、驕傲、羞恥和悲傷。而且，我們都知道進行重要對話，以及沒有進行重要對話，所經歷的喜悅和痛苦。

選男友還是父母？不敢對話的代價

我 21 歲時（沒有像〈前言〉中提到的，跟 17 歲一樣那麼削瘦了），陷入了進退兩難的境地。一邊是男友，另一邊是我的父母。他們禁止我在大學最後一年和男友同居。我的父母認為他們是對的，我是錯的，而且他們操控著經濟大權。我的男朋友威脅說，如果不住在一起，就離開我。他是有強大冒險精神的人，但脾氣很壞，毫不羞於口出惡言。

我無法與任何一方交談，就像許多試圖讓大家都滿意的年輕人一樣，我最終生活在謊言中。我和男朋友同居了，但一直保密。整個經歷讓我意識到，無法**鼓起勇氣**進行必要對話的代價。我覺得無法面對男朋友，也因為太緊張而無法與父母深入交談。

我開始怨恨男朋友（稍後會談論更多他的部分），我和父母的關係也蒙上了一層陰影。直到多年後我們最終談及此事，

我才擺脫了悲傷和內疚，那次的談話彌合了我的欺騙行為造成的鴻溝。我了解到，一旦人不溝通，會有多麼痛苦。

我年輕時還掙脫出其他的矛盾困境。我敢說，以前認識我的人，若現在看我寫的東西，得知我滔滔不絕地談論對話的重要性，一定會驚訝於我的轉變。但是，**我們會去教別人的事，正是自己需要學的**，這個原則既適用於我，也適用於每個人。

好好說出心聲，化解了一場村民衝突

接著是發現，我有重要的東西要說。幾年後，我住到西班牙一個偏遠的村莊，那是另類、頗為無政府狀態的社區。從巴塞隆納來了一位名叫荷西的人，他從事毒品交易和養狗。他又高又壯，頭髮蓬亂，黑色的眼睛裡透著野性。村子裡的小狗很快就多了起來，牠們直接去吃各種菜園裡面的食物，這讓幾位村民非常生氣。然而，他們與他對峙時，荷西要麼大聲回嘴，要麼直接關上門不予理會，因此他不受歡迎。

在一個炎熱的星期六下午，為了阻止衝突進一步升級，我們十五個人與荷西一起坐在社區活動中心外，討論該怎麼辦。

一開始我並沒有多說什麼，那時我是一個帶著微笑不惹事的人，從不發表意見。我內心有「小劇場」，認為我討厭衝突，而且無法處理。但是當荷西說：「莎拉，妳覺得怎麼樣？」我才找到了自己的心聲。

但很重要的是，會議前幾週，我花了時間與荷西交談，去過他家幾次，因而更了解他的為人。這段與他交談的經驗給了我當時不自覺的信心，讓我找到需要提出的問題。

　　「你來這裡是為了什麼？」我問道。

　　「我為了尋求平靜與安寧而來的」。

　　「你找到了嗎？」

　　「完全沒有。」

　　「所以你想要的，和你找到的並不一樣。」我一邊感受，一邊尋找他的真實看法。我不想讓他感覺不舒服，但我也不想壓抑自己的想法。

　　「荷西，如果是我，我就會離開。」我直視著他的眼睛，他點了點頭。我知道他聽到了我的話。

　　現場一片寧靜。也許部分原因是，大家（包括我）對我這樣說話感到驚訝。荷西慢慢站了起來，攤開雙手，表示接受。「好吧。」他只說了這句話。

　　很快荷西就低調地離開了村子，大家的生活又回到了互相叫囂之前的和諧節奏。這段經歷讓我鮮活地了解到，人可以**告別「內心小劇場」**，不再自我設限。我學到，一旦能夠**說出真實看法**，可以影響到其他人，還教會了我「聯繫的存款」很重要。

讓「聯繫的存款」愈多愈好

那時我還不知道「聯繫的存款」這個概念。我是在 2011 年復活節星期六，於倫敦衛理公會中央禮堂參加的一場會議上得知的。這場由茱蒂絲・席利格（Judith Seelig）主持的特別活動，有個貼切的活動名稱——「熱血女力」（Women on Fire），讓來自世界各地的女性聚集在一起，欣賞女性的人性之美。

受邀的演講者都非常優秀。慈善機構 Kid's Company 創始人卡米拉・巴特曼葛拉吉（Camila Batmanghelidjh），談到了她為倫敦的受創兒童所做的工作。機構裡許多孩子從未有過穩定、慈愛的父母，而這間慈善機構就像是「阿姨之家」，他們可以隨時前來尋求支援。

對於扭轉這些孩子人生的因素，卡米拉的慈善機構做了研究後發現，一些學校午餐服務員之所以比其他人更能與孩子建立聯繫，來自一些小事上，例如眼神、打招呼和擁抱。而能產生最大影響的午餐服務員，是那些與孩子們有最多「聯繫的存款」的人，他們那些微小的聯繫時刻累積起來，會產生巨大的影響。

以荷西的例子來說，我是累積這些「聯繫的存款」的人。那時我是憑直覺去做的，現在我更加自覺了。人與人之間的聯繫可以帶來如此大的不同，當我們不僅與人聯繫，而且**用尊重的態度溝通**，就可以醫治最深的傷害。

接觸、對話……生活中的一切都是「S.E.X」

性（sex）是一件重要的事情，這句話似乎淺顯易懂，但當中的含義並不是那麼清楚。話說回來，其更廣泛的含義，正是本書的核心。事實上，我對性的理解是，它是如此重要，**無所不在**。我對性的看法（與暢銷書作家沃許所見相同）是，無論何時何地，只要有人與人之間的接觸，就會發生。生活中的一切都是 S.E.X.，即所謂的「相輔相成的能量交換」（Synergistic Energy eXchange）。這種起伏不定、「來來回回」的移動，是生活和日常一切事物的基本節奏，包括談話。

人在交談時，會彼此交換能量。問題不在於，兩個人是否正在交換能量，而在於他們正在進行哪種類型的能量交換？他們相輔相成的能量交換，品質如何？

當我們接觸他人時，無可避免地會互相交換能量。這種交換是自然而然地發生的。然而，如何使用這種能量，以及由此導致了什麼情況，則取決於共同體驗的人。

因為有了對能量的重要重新定義，和以能量為中心的理解，使我以非常不同且更有助益的方式，來看待對話。我與人交談時，無論是在專業上，還是個人層面，我都更加察覺到彼此之間的互動。我深入了解他們給我的感覺，同時思考自己可以做什麼，以保持對話流暢。我與他們積極接觸，並邀請對方加入互動。

我媽媽經常講一個故事，在我 2 歲左右時，她帶我去游泳池。我會在小更衣間裡走來走去，拉開橘色的門簾，向換泳裝的女士打招呼。像大多數孩子一樣，我沒有任何顧慮地主動與他人交換能量。我很感謝媽媽，沒有阻止我按著天生的好奇心行事。

現在我長大了，我正在與內心的那個小孩重新建立聯繫，她很樂意接受人們本來的樣子。這讓我學到並明白：即使看上去再暴虐或恐怖，無論是什麼樣的人都是有人性的。就好比近距離接觸時，會發現有痘痘、皺紋和怕癢的地方這種不完美之處。對我們來說是好事！正因為如此，才更能彰顯出「人」的特點……

「容器」愈強大，困難的對話也不怕

碰到棘手的事情要談論時，我已經知道**打造「容器」**是關鍵。容器是由人與人之間的能量交換形成的。如果彼此「聯繫的存款」足夠，就會出現寬廣的能量範圍，使對話更加順暢。

我的好朋友凱倫就是這樣一個人。我從她那裡了解到，擁有穩健容器所帶來的影響。我們是十多年的親密朋友，分享過許多歡樂和悲傷。

大約一年前，在我為英國心理學會舉辦對話大師班的前一天晚上，凱倫來到我的住處留宿。這是她第一次離開她十八個

月大的兒子山繆，我也是他的教母。最近幾週，山繆因呼吸問題去過醫院好幾次，讓凱倫離開他 24 小時相當不容易。

收拾好餐桌後，凱倫停下來小聲說道：「希望我接下來說的話，不會傷害到我們的友誼。」

「怎麼了？」我問道，我的心在胸口砰砰地跳。

「嗯……」她回答說，「當我談到山繆的健康時，妳很快就轉移了話題。這是目前我人生中最重要的事情，我感到非常心煩意亂。」

她突然哭了起來，我覺得很難受。當時我正準備為二十位心理學者舉辦一場關於對話的研討會，卻完全沒有考慮到我最好朋友的需求。

「我很抱歉，明天的事情讓我分心和焦慮。」我說，「請告訴我妳的煩惱……」

後來我倆一致認為，這次簡短而坦誠的談話，反而使我們更親近。由於雙方之間的信任，凱倫能夠說出她的心底話，不用擔心兩人關係會因此破裂。而她聽著我顫抖的回答時，我也感受到她的關心、尊重和愛。

我們之間有強大的容器，能夠承受彼此之間積累的壓力，所以有辦法進行可能很困難的談話，並消除誤解。在寬廣的情緒空間、溫馨的氛圍下，談話是真摯的。相反的，要是沒有容器，要麼避免說話，要麼保持禮貌，不敢說出內心深處的想法。

對話意圖對了，你會見證到奇蹟

多年來，我了解到，恐懼愈少，就愈能夠進行改變人生的對話。但我沒有靠自己或刻意的意志行為，來駕馭恐懼。恐懼是來到我身邊的禮物。

等到我終於結束了與可怕男友的關係後，過不久我便開始和我們都認識的一個鼓手朋友交往。不出所料，我前男友的反應沒有很好。由於他本性如此，他甚至表達了不滿。據說他曾經提過，要「打斷」我新男友的手指。我不知道這是真的，還是惡意的傳言，但這確實讓我非常緊張。他很生氣，因為我沒有和他談過就離開他。可是，我們還在一起時，與他說話就已經夠困難了。分手後，我感到比以前還要更害怕。

由於以前的關係結束得一塌糊塗，我知道沒有**畫下句點**，是多麼令人不舒服。我強烈覺得需要去見前男友，把事情說清楚。我想**傳達心中的訊息**：我很感激我們共同經歷的所有冒險，但是時候向前邁進了。

我開車數百公里去找他。等我到達他住的房子時，我發現後門上有一張紙條，說他出去買午餐了，我就坐在台階上等著。長途旅行讓我很疲憊，雖然我知道我們應該談談，但我覺得我無法勝任這份自己給的任務。我感到噁心，胃在**翻騰**，雙手在顫抖。

我獨自坐在那裡，做了祈禱。這是我成年後第一次這麼

做。在那之前，我怎樣都不算是「有信仰的人」。雖然我以天主教的教養方式長大，但我選擇棄絕、並受訓練成一個科學家。我認為，人生是可以解釋的，不需要祈求神的干預。但是，在那一刻，感到被逼到極限的我，主動尋求童年中所認識的上帝，那位曾陪伴我度過青春歲月的神。

突然，我感到有種深深的平靜感覺充斥全身。天知道它是從哪裡來的，**天曉得**。

即使前男友回來後，那份平靜始終與我同在。我倆哭泣、擁抱和交談。雙方都能說出自己的想法，放縱悲傷。我們傾聽，並放下過去。

那天我了解到，只要意圖純正而明確，宇宙就會帶給我們力量。如果無法靠自己走得更遠、需要尋求幫助，恩典會湧入，並為對話鋪平道路。

對話方式改變了，人生就轉變了

回顧人生旅程，我可以看到這些談話對我的轉變有多大。它們挑戰了我的自我認識，讓我對更大的現實有了更深的體會。我希望這些談話，讓我成為更好、更善良、更敏銳的人。

我也改變了處理對話的方式。特別是在表達感受方面，我變得更加坦誠，更意識到對話是保持關係活力的重要方式。而每次遇到別人，我也會對自己的表現和為彼此交流帶來的能

量，承擔起更大的責任。

我開始意識到，對話不僅僅是說話，更是一個相聚之處。雖然我們住在不同的身體裡面，但對話是內心世界相聚的地方。正是透過對話，彼此變得親密，靈魂才顯露出來。無論是坐在廚房桌子旁、花園裡或辦公室裡交談，一次簡單的對話，有可能把我們帶到神聖的地帶。

一旦做出轉變，也就是鼓起勇氣、打造容器、意圖明確地傳達訊息、用尊重的態度溝通、說出真實看法、告別內心小劇場、畫下句點，所有的事情都會改變。那些看似不可能的對話，也會變為可能。接著，就和你分享實現這些改變的方法。

PART II

七大轉變

Chapter 4

轉變 1：克服「不敢開口的恐懼感」

「勇敢是戰勝恐懼，而非完全不害怕。」

——南非前總統曼德拉

　　對於非常要緊的事情，許多人可能感到難以啟齒，需要極大的勇氣才能展開「重要的對談」。然而，不論是說出真實看法、表達真正的感受，或是為自己辯護，勇氣都能讓人「站穩腳跟」，說出實話。

　　勇氣不需要外求，因為人類生來就具備勇氣，我們只需要練習培養勇氣。就像運動員為了跑馬拉松而鍛鍊肌肉，每個人都能透過練習，變得愈來愈勇敢。

　　透過練習勇敢，我們能更清楚「進行重要對話」與「保持沉默」的風險與利弊。雖然有點矛盾，不過仔細觀察恐懼的來源，也是有好處的。只要知道自己恐懼的原因，恐懼的感覺會慢慢消失，然後就能擺脫恐懼的束縛。

　　但勇敢不是虛張聲勢或魯莽行事，而是有膽識說出心裡的

話，並勇於做個既善解人意又願意傾聽的人。萬一聽到不中聽的話，我們應該要勇於面對，而不是迴避。

當然，勇敢對談的過程中，也必須聆聽自己的聲音。不過，反思生活本來就不是簡單的事。很多人為了逃避寂靜中席捲而來的焦慮感，總是保持忙碌。因此，本章的主題就是面對自身恐懼，找到對話的勇氣。

「我很害怕，講了只會讓事情更糟⋯⋯」

你和伴侶已經過了好幾年的同居生活，你們分享各自的喜悅和生活難題，一起分擔家務，也共同做財務規畫。你懷念過往兩人那些深刻又有意義的對話，但選擇不再老想著過去的情況。然而，突然發生了需要你們兩個好好溝通的重大事件，但是你的伴侶卻不想參與對話。你害怕提起此事，不知道如何開口。可是，沒有進行對話，你會擔憂兩人的關係、生活狀態和未來。

瑪麗很清楚身處這種情況的感受。

她是活潑、外向且熱愛生活的 55 歲女性。雖然她在十年前喪偶，也以行銷經理的身分退休，但她持續經營新生活。過了五年的單身生活後，瑪麗遇到了一個很棒的男人。他也經歷了喪偶，目前住在威爾斯南部的家。湯瑪斯是個安靜、善良又

貼心的男人，他揮別漫長且成功的銀行經理職涯後，開始享受退休生活。

經歷了兩年共同旅行的開心時光，瑪麗和湯瑪斯訂婚了。瑪麗搬到威爾斯南部，並買下湯瑪斯房子一半的所有權。她砸了一大筆錢來擴建原本的房子，並決定以此作為他們婚後的住處。由於瑪麗和湯瑪斯各有成年子女，他們制定了「鏡像遺囑」（mirror wills）。要是其中一人去世，他們希望確保還活著的伴侶將繼承整棟房子。等雙方都去世後，房子將平均分配給瑪麗的女兒和湯瑪斯的兒子。

在他們同住兩年後，湯瑪斯經診斷為癌症末期。醫師告知湯瑪斯，他只剩九個月的時間可活，湯瑪斯陷入一片震驚。儘管他非常苦惱，但湯瑪斯還是希望瑪麗遵守家族傳統，在聖誕節期間花幾天時間，去探望年邁的母親。

等瑪麗回家時，看到一封寫著湯瑪斯名字的信，放在廚房的桌子上。瑪麗認出了律師的名字，因為那是替他們準備遺囑的同一家律師事務所。瑪麗把信遞給湯瑪斯，他卻把信放到一邊說：「別管它。」

瑪麗感到非常困擾，直覺告訴她，湯瑪斯在沒有與她討論的情況下，修改了遺囑。幾天後，瑪麗決定處理這個問題。她拆開信封並閱讀那封信，果然證實了她最害怕的事情。湯瑪斯沒有徵詢瑪麗意見就更改遺囑，這讓瑪麗在湯瑪斯去世後，無法擁有整棟房子，而是自己原先就擁有的那一半。

瑪麗感到被背叛、受傷和憤怒，她清楚意識到兩人需要談談。然而，每當瑪麗試圖討論房子的事，湯瑪斯都會迴避，不是故意改變話題，就是假裝沒聽到。

　　多年來，瑪麗觀察到湯瑪斯常常迴避嚴肅的對話，就連對親生兒子也是如此。她知道自己必須開啟這次對話，但她不知道怎麼啟齒。湯瑪斯擅長處理事件和數字，但涉及到情感，他就逃得遠遠的。

　　瑪麗還擔心談話會使事情變得更糟。畢竟，湯瑪斯不知道瑪麗看過他的律師信函，也不曉得瑪麗已經發現他修改遺囑的事。瑪麗打算先什麼都不做，希望事情能自然圓滿結束。但沒想到三個月後，湯瑪斯還是沒找她溝通。瑪麗才終於來我這裡尋求輔導。

　　「我真的很害怕與湯瑪斯談話。」瑪麗坦承。「他是一個垂死的人，我想要表現出同情心，但我也希望能確保自己的權益。這應該是我人生中最重要的對話，我能如何鼓起勇氣？」

　　下面是我們對這個問題，一步步找到的答案。

終於，找到方法找回勇氣

　　在面對重要對話時，一大挑戰是要鼓起內心深處的勇氣。不過，就算我們怕得全身發抖，其實內心還是存在著勇敢的精神。學步的孩子就是秉持這種勇敢的精神，才能在跌倒無數次

後，爬起來繼續嘗試。出於恐懼，我們可能習慣壓抑與他人溝通的決心，但透過深入挖掘，就能找回那份勇氣。

話說回來，想開啟重要對話，沒有固定的方法可以找回勇氣。沒有公式能確保最終結果，但我們可以回顧過往的經驗和對談，讓自己更有信心、更堅定，也更有勇氣向前邁進。人生旅途中，我們都見識過自己的能耐。而**現在**，我們可以把自己定義為「勇敢的人」。

我第一次見到瑪麗時，她對自己艱難的處境感到非常沮喪。瑪麗當時邊哭邊跟我說，湯瑪斯沒有事先跟她討論就擅自更動遺囑，她覺得湯瑪斯背叛了她。

「我不只會失去我的伴侶，」瑪麗淚流滿面地說道，「我自己的生活也岌岌可危。如果不和湯瑪斯進行重要對話，會嚴重影響到我餘生的生活品質。」

我靜靜地聽著，因為知道自己無法解決問題，也沒辦法抹滅悲傷，所以我只是陪在瑪麗身邊，靜靜地聽她傾訴。當身邊的人感到心煩意亂，有時候我們能做的就是，成為「情緒的海綿」，吸收他們的悲傷情緒。察覺瑪麗的情緒恢復穩定後，我跟她介紹了一個練習。這個練習能幫助她，想起過去鼓起勇氣的經驗。瑪麗迅速且直接地回覆：

「但我沒有勇氣，勇氣是登山的人才有的東西，我做不到！」

於是我告訴她，我相信所有人一生中，都曾有必須踏出舒

適圈的時刻。而反思這些實例，可以了解過去哪些策略行之有效，然後現在開始運用這些策略。透過反思，我們能夠以適合自己的方式喚起勇氣，無須套用任何公式。

我鼓勵瑪麗完成「回顧：找回勇氣」練習（見第三部分，練習①）。瑪麗畫了一個從出生到現在的時間線，標示出她「展現鋼鐵意志」的時刻，另外也標示出她無法面對恐懼的時刻。我們可以從成功的時刻學習，也能從未能鼓起勇氣的時刻記取教訓。

在下一次輔導課程時，我和瑪麗討論了她過往成功面對恐懼的情況。以下三個策略她運用地非常亮眼：

- **朋友的支持**。面對關鍵時刻，瑪麗發現「與摯友討論」對她來說很有幫助。透過詳細說明自己的處境，她從朋友身上獲得不同的觀點，意識到他人也曾遇過類似的難題。朋友的陪伴，讓瑪麗更有信心。
- **仰賴更高的力量**。雖然瑪麗不信教，但她很重視靈性。瑪麗曾經在職場要上台報告前，成功地以祈禱的方式，讓自己冷靜下來。瑪麗會對宇宙說：「**如果我要使用祢給予我的這些天賦，我需要祢賜予我力量。我以祢的名義這麼做。**」根據瑪麗的說法，這個祈禱讓她一次又一次「優雅地應對任何情況」。
- **事先寫信**。有時候，瑪麗不太知道怎麼表達個人情感。

但她知道可以把想法寫下來，這麼做能讓她釐清自己真正的感受。寫信時，可以不怕被人打斷思緒，瑪麗就能言簡意賅地表達內心想法。瑪麗曾在進行「重要的對談」之前，寄信給與談者。這麼做能讓她在談話過程保有勇氣，知道自己該討論的內容。

更了解這些經測試有效的策略後，瑪麗開始思考，她可以做些什麼來與湯瑪斯交談。「我覺得自己一點勇氣也沒有。」瑪麗邊思考邊說，「但現在我明白了，多年來我一直嘗試喚起勇氣而不自知。」

儘管與湯瑪斯的對談，是瑪麗從未面對過的難題，但找出過去表現出勇氣的例子，幫助她轉而以更積極的心態面對。

「我開始覺得我能做到！」瑪麗勇敢宣告，我也相信她能做到。

問問自己：你在恐懼什麼？

勇敢並非不會焦慮，而是能面對恐懼，勇往直前。無論是遭到拒絕、遭受損失，還是承受痛苦，只要能確切點出自己的恐懼，就有助於降低顧慮。雖然辨識出自己害怕的事物，可能無法完全消除恐懼，卻可以幫助我們放鬆。只要可以擺脫恐懼的束縛，就能以更好的狀態，面對重要對話。

記住，說出我們的憂慮，就能夠處理這份恐懼。看看「understand」（理解）這個英文字，拆解後會得出「stand under」（站在它的下面）。也就是說，要「理解」某個東西，就得好好看清它的真實面貌。一旦能具體了解讓我們驚惶失措的原因，就可能會發現，恐懼並不像想像中那麼可怕。

　　瑪麗以前曾痛失親人，深知失去摯愛的打擊，也明白恢復情緒需要時間。

　　「我既沮喪又害怕。」瑪麗告訴我，「我即將失去住處，但這裡已經成了我的家。事情有天大的可能會出錯。湯瑪斯去世後，就夠我傷心欲絕了，我不希望再增加任何讓我憂心的事。」

　　我可以理解瑪麗的擔憂，她害怕與湯瑪斯對談，有可能讓情況變得更糟，尤其是她發現湯瑪斯私下更動遺囑的事。然而，瑪麗已經到了需要經濟自理的年紀，無法承擔任何錯誤。我擔心瑪麗的恐懼會讓她無法採取行動，使她無法進行對話。

　　我柔性勸導瑪麗，邀請她和我一起探索她害怕對話的原因。我們回到「回顧：找回勇氣」練習，重新回顧瑪麗退縮的時刻，看看現在的瑪麗能否從這些經歷中學習。如果她知道之前讓她膽怯的原因，這一次她可以做出不同的選擇。結果我們發現了以下的因素：

- **害怕被拒絕**。對瑪麗來說，維持和諧的關係，尤其是與

伴侶的關係，一直是非常重要的。只要有讓湯瑪斯不高興的可能，她總是會選擇退縮。然而，在這種「小心翼翼」的行為背後，是她害怕被拋棄。而指出這個情形，讓瑪麗更容易應對湯瑪斯可能的拒絕，因為她意識到，無論他們是否交談，湯瑪斯離世後，她都會是獨自一人。

- **怕有愧疚感**。瑪麗過去曾避免困難的談話，因為她認為自己會被視為過於強硬、毫不關心或冷漠。她擔心，如果她在湯瑪斯生命的盡頭時，挑起一場困難的談話，他會認為瑪麗很冷血。而說出這種恐懼幫助瑪麗明白，即使湯瑪斯真的這麼想，她還是可以清楚知道自己的動機。

- **擔心出錯**。早在學生時代，瑪麗就發現自己常在答錯題目或犯錯時，感到愚蠢。現在她擔心如果她說出來，湯瑪斯可能會感到受傷和遭受背叛。然而，當她更仔細地檢視這種恐懼後，她領悟到，如果**沒有進行**對話，**她**只會持續感到受傷和遭受背叛。而說出這種恐懼，使瑪麗能夠更清楚地知道，自己可以選擇開啟對話。

如果不加以審視，恐懼常常會阻止我們溝通。因為很多人像瑪麗一樣，以為重要對話會使事情變得更糟。問題是，溝通的需求並不會消失。正如偉大的瑞士心理學家榮格所說，「持

續抗拒，就會持續存在。」所幸，指出和理解我們的恐懼，可以減輕恐懼的束縛，讓談話更容易進行。

開口，還是不開口？這樣決定

勇氣就是踏向未知的旅程。我們要先理解，開啟重要對話固然存在風險，保持沉默**也同樣**有風險。相反的，弄清楚要採取的適當途徑，卻可能會讓你鬆一口氣。當我們決定與對方交談，並充滿信心時，就喚醒了勇氣。

為了幫助瑪麗做出明確的決定，我建議她完成「權衡：決定是否對話」練習（見第三部分，練習②）。這使她能夠充分了解以下兩種選擇：（一）進行重要對話，或（二）保持沉默。有時保持沉默才是正確的決定。只要做出這樣的決定時，是很有**覺知**的，自然會感到寬慰、平靜和輕鬆。另一方面，若進行對話才是正確的決定，知道這一點意謂著我們可以更容易地鼓起勇氣。而瑪麗完成的權衡利弊練習，如後文的表 1 所示。

瑪麗以理智、有系統的方式，仔細權衡與湯瑪斯對談的風險和好處，她在回家後還是繼續思考這些問題。在下一次輔導課程時，瑪麗向我宣布她的決定。「我的結論是，我需要進行一場勇敢的對談。」瑪麗說，「我害怕和湯瑪斯對談，但保持沉默的風險，比開口說話大多了。如果我不面對恐懼，會失去更多東西。」

表 1：瑪麗的權衡利弊	
與湯瑪斯進行重要對話	
風險	好處
• 情況可能變得更糟，湯瑪斯不知道我看過他的律師信函，他或許會生氣。 • 我必須面對湯瑪斯更動遺囑的事實，這可能會讓我很痛苦。 • 湯瑪斯恐怕會非常不高興，我會不知道怎麼面對他。	• 這場對話會消除誤會，開啟新的對談契機，這對我來說是很大的解脫。 • 我可以表達自己的立場和擔憂。 • 我們也許能夠達成雙贏的解決方案。 • 我不會因為沉默，而在未來感到遺憾。
保持沉默	
風險	好處
• 我不明確的法律身分可能會讓我失去目前的家。 • 我恐怕會失去一大筆錢。 • 不會有任何改變，然後我會感覺很糟糕。	• 假裝不知道湯瑪斯更動遺囑，短時間內會覺得好過一點。 • 選擇不去破壞現狀，就不用面對我所討厭的衝突情況。 • 我不會被激怒，也不用面對動怒的後果。

　　瑪麗肯做出必要的犧牲，來進行重要對話。為了換取長期的利益，瑪麗願意承受短期的不適。雖然她和湯瑪斯之間的關係可能會「在好轉之前變得更糟」，但對談能讓瑪麗找到內心的平靜、解決財務問題，並創造她想要的未來。

溝通上，內向、外向大不同

真正的對話必須是雙向的交流。也就是說，要能真誠地交換彼此的想法和感受，才有辦法讓兩個會談的人開始對話。我們必須以開放的態度與對方「相遇」，接納獨一無二的彼此。畢竟，對話參與者的個性可能天差地遠，所以進行重要對話時，需要寬容待人。

在問「我們可以談談嗎？」之前，最好先思考怎麼讓對方發揮最好的一面。接受並尊重對方在對話中的表現方式，可以避免「錯位的相遇」（mismeeting）。猶太哲學家馬丁‧布伯（Martin Buber）曾以「錯位的相遇」，形容人們對談、卻缺乏真正連結的情況。相比之下，重要對話能讓人敞開心扉，改變人生，也能讓我們與對方建立深度連結，進而讓彼此感到完整。

指導瑪麗一陣子之後，我意識到瑪麗和湯瑪斯在個性上南轅北轍。我於是感到好奇，兩人之間的差異是否讓他們難以溝通。瑪麗很樂意花一個晚上與朋友通電話聊天，而湯瑪斯則是偏好坐在電腦前，閱讀最新的財經快報。根據瑪麗的觀察，要是湯瑪斯像是關注線上銀行帳戶變化那樣，關注他們之間的對談，根本不會落到如此難以溝通的局面。

「我只求他花 10 分鐘聽我說話、了解我的感受。」瑪麗回想起某次與湯瑪斯溝通失敗的經歷，這麼對我說。

於是我決定問她一些問題，好幫她知道怎麼與湯瑪斯更成功地「相遇」。

「你們在一起談話時，湯瑪斯是什麼樣的人？」我問道，「他和妳有什麼不同？」

「他很安靜，善於思考，而我比較外向。」瑪麗這麼回答，「他聽得多，說得少，而我則是想到什麼就講什麼的人」。

我覺得瑪麗描述的，是外向者和內向者試圖交談的典型例子。畢竟，每個人都是獨一無二的，在談話的過程中，不同性格的人有不一樣的偏好。而這些偏好，影響了我們的相處模式。我想，如果瑪麗（外向者），能欣賞湯瑪斯（內向者）與她不同的對談模式，她就能更有技巧地與他溝通。表2總結了外向者與內向者的差異。

瑪麗說，這些不同的風格，準確反映出她和湯瑪斯的情形。她說，她覺得讓湯瑪斯為談話做準備，這一點很重要，因為他需要時間整理思緒。

回想起她在其他談話中鼓起勇氣的經驗，瑪麗若有所思地說，「我可以給他寫封信。」

「我知道要想把事情釐清，談話是極其重要的。但我覺得先寫一封信給湯瑪斯，能幫助他聽到我想說的話。這能讓我思考真正想傳達的內容，也能避免談話當下詞不達意。」

瑪麗的想法在我聽來不錯。以一封信作為重要對談的開頭，不僅能讓瑪麗放慢腳步，同時也會對湯瑪斯更加友善。瑪

麗和湯瑪斯很快就能開始對談了。

表 2：外向者和內向者的對話習慣	
外向者	**內向者**
• 因談話而充滿活力，所以喜歡保持對話的節奏。 • 邊思考，邊說出自己的想法。 • 迅速表態，可能會分心和不耐煩。	• 從寂靜和獨處獲得能量，因此可能覺得談話很消耗精力。 • 講話前會先思考，需要事先整理思緒。 • 比較慢熟，喜歡先靜靜觀察。

仔細聽聽，內心的聲音會告訴你……

　　勇氣是為了追求高尚的事物而奮鬥。為了勇敢行動，我們需要讓心說出它溫柔的智慧。英文「courage」（勇氣）來自法文 coeur，是「心」的意思。所以說，找到勇氣最簡單的方法，不是透過理性思考，而是聆聽我們的內心。

　　在瑪麗寫信給湯瑪斯之前，我很希望她花點時間深入了解自己。我擔心，在她的信中，她可能會列出所有財務事實和數據，卻沒有表達自己的**感受**。為了讓她與生命垂危的湯瑪斯有真正的連結，她需要敞開心扉，講出心裡的感受。

　　畢竟，要展開重要對話，還需要我們**傾聽**自己和對方的心聲。一旦能夠聽到自己靈魂的聲音，才更能夠聽見對方靈魂要說的話。因此，我建議瑪麗完成「內觀：與勇氣談談」練習

（見第三部分，練習③）。瑪麗必須深入內心，找出裡面勇敢的聲音要表達的內容。

在下一次輔導課程中，瑪麗跟我說，她「與勇氣的對話」，是她從沒有過的體驗。當她傾聽內心平靜的聲音時，她能感覺到力量在體內湧動。

「我愈來愈清楚了，與湯瑪斯對話是前進的方式。」她說，「不僅如此，我有一種感覺，一切都會順利的。」

傾聽內心的智慧，幫助瑪麗找回勇氣，進行了一場改變人生的重要對話。

時機不對、沒準備好？用「行動」推自己一把

當人勇敢地採取行動，就能感受到活力。我們可能正走進未知世界，但選擇感到振奮，而不僅僅是害怕。畢竟，只有大膽的行動時，才會知道自己是勇敢的。當我們能夠開誠布公地交談和傾聽，沒有開不了口的遺憾，生命才能顯得豐盈。

另一方面，在為重要對話做準備時，走進內心，尋求自己的建議會有所幫助。然而，一旦在心中找到清楚的思路，就是與對方溝通的時候了，必須果斷地邀請他人參與對談。

我非常樂意支持瑪麗完成這件事。畢竟，鍛煉心理的力量往往不容易。我們可能知道需要做什麼，但真正做起來又是另一回事。或是，找盡藉口，來解釋為什麼現在時機不對，或對

方還沒有準備好。瑪麗也是如此。

「我不知道怎麼起頭。」當我們談到寫信給湯瑪斯時，瑪麗這麼說道。

「起頭往往是最困難的部分。」我回答，「然而，只要踏出第一步，就能找到持續前進的動力。」

為了幫助瑪麗，我建議她設定一個 S.M.A.R.T.（意即聰明的）目標，這必須是一個具體（Specific）、可量化（Measurable）、可達成（Achievable）、務實（Realistic）和有時限的（Time-bound）目標，然後我會督促她達成她自己說會做的事情。

「我的目標是給湯瑪斯寫一封信，向他坦承我知道他更動遺囑，描述我的感受，並概述事實。」瑪麗說，「我也會提出我的疑問，並明確地要求湯瑪斯與我對談。」

瑪麗停頓一下，繼續說：「我已經決定，**不打算**去分析為什麼湯瑪斯決定不履行原本的合約，那是他在健康狀況良好、還有大好人生的時候簽署的。我要專注於怎樣對大家的痛苦最少，並向前邁進。」

「很好！」我說，「寫信是非常具體的行動，有助於開啟對話。妳什麼時候會寫完這封信？」

「下週的這個時候。」瑪麗以堅定的口吻回答，「但好像還是少了什麼。」

「我認為，應該要有一個『很』（Very）S.M.A.R.T. 的目

標，而 V 也代表『很明確的』（visualizable）。我知道，如果我能在腦海中看到自己在做某事，那麼這件事就能達成。」

我請瑪麗閉上眼睛，想像自己在寫這封信。接著，要她描述自己拿起筆時，她想要有的感覺，就好像她**現在**就有這種感覺。

「我感到平靜、自信和專注。」瑪麗仍然閉著眼睛說道。

瑪麗花了幾分鐘，想像自己完成信件，並把它交給了湯瑪斯。之後她張開眼睛，和我分享她剛才的領悟。

「這有點像是在設定自己的衛星導航。」瑪麗說，「我寫這封信和與湯瑪斯對談的目的地，是一個平靜、自信和專注的地方。我決定這就是我要前往的目的地。」

瑪麗設定好她的衛星導航後，接著和我討論了把信交給湯瑪斯時，她會對湯瑪斯說些什麼。

「我想妳稍微說說這封信的內容，應該會有幫助。」我建議，「然後湯瑪斯可以選擇打開信的最佳時機，因為他可能想等到他有時間來消化信中的內容。」

「我還建議妳明確表示，自己希望在什麼時候得到回覆。」我繼續說，「那麼事情就在掌控之中了。」

瑪麗停頓了一下，「我能辦到的。」她說，「談話的時候到了，我不再感到害怕了。」

聽到這番話，我知道瑪麗已經鼓起勇氣，準備進行重要對話。

勇於開口，看見關係修復的成果

瑪麗寫完信，把信放進信封，接著寫上湯瑪斯的名字。湯瑪斯正在接受放射線治療，瑪麗必須決定何時把信交給他。瑪麗知道，這個時候對湯瑪斯來說相當艱難。

過了幾天，瑪麗決定是時候鼓起勇氣，堅持她的真實想法，所以把信交給了湯瑪斯。

「湯瑪斯，我非常關心我們遺囑的情況，我對法律術語的含義有很多疑問。」瑪麗深吸一口氣，繼續說道。

「我知道，這對我們倆來說都是非常困難的情況。所以我把想法都寫下來，這麼做有兩個原因。首先，這樣你可以靜靜地閱讀並思考我的問題和你的答案；其次，因為我對這種情況感到非常心煩意亂，寫這封信讓我有時間準備，我必須提出的疑問。」

瑪麗停頓了一下，接著補充：「在你有機會讀完信之後，請跟我說你準備好什麼時候跟我談談。」

湯瑪斯從瑪麗手中接過信時，避開了目光，簡短地說他會仔細看看。

瑪麗每天都在期盼湯瑪斯的回覆，想聽他說他已經準備好進行重要對話。一天天過去了，瑪麗打從內心深處知道，她必須再次鼓起勇氣，提出那個問題：「我們可以談談嗎？」

某天晚上，湯瑪斯一如往常地看完 6 點的新聞，瑪麗等到

了時機。她替湯瑪斯泡了一杯茶，提出對談的邀約：「湯瑪斯，我們能談談嗎？」湯瑪斯回答說可以。

瑪麗關掉電視，坐在湯瑪斯旁邊，問道：「你想怎樣進行呢？你想一段一段地看完我的信，還是比較想按照自己的方式處理？不管你怎麼做，我都欣然接受。」

湯瑪斯說他想要一段一段地讀這封信。於是，他們就這樣做了。

瑪麗與湯瑪斯一起查看法律術語，湯瑪斯意識到自己並不理解某些措辭的意思，於是建議瑪麗與她自己找的律師預約時間，這樣瑪麗就能向律師詢問他答不出來的問題。

瑪麗平靜地說：「這是個好主意，但我更希望你會願意和我一起去。這樣你就能親自聽到答案，然後我們都會清楚其中的內容。」湯瑪斯表示同意，答應他會陪瑪麗一起去。

瑪麗大大地鬆了一口氣，她根據在輔導課程所學，以湯瑪斯能夠理解的方式，表達了她的擔憂。她總算能以明確、慈悲和鎮定的方式，來表達自己的想法。幾個月來她一直覺得有可怕的禍事臨頭，恐懼嚇得她不知所措，現在終於可以擺脫這種感覺了。

在他們去找律師後，湯瑪斯同意修改他的遺囑，給瑪麗一個更好的條件。雖然他沒有恢復原來的鏡像遺囑，但他確實延長了瑪麗在他死後，可以留在房子裡的時間，從兩年變為四年。然而，四年期限一到，她仍然必須賣掉房子，並將賣屋的

一半收益分給湯瑪斯的兒子。

　　隨著病情逐漸惡化，湯瑪斯再次反思他們的處境。湯瑪斯告訴瑪麗，他意識到自己沒有履行承諾，出爾反爾。他準備叫瑪麗把律師請到安寧病房，重新起草鏡像遺囑，但湯瑪斯卻在律師趕到之前去世了。

　　瑪麗感到非常脆弱，很擔憂自己是否能夠購買新房，並向朋友提起了這點。那位朋友建議，她應該研究一下，自己是否有足夠的理由，對遺囑提出異議。在聽取了法律方面的建議後，瑪麗得知自己有充分的理由，感到既難過又如釋重負。她一直不喜歡衝突，並且知道對遺囑提出異議，會破壞她的人際關係。她一直和湯瑪斯的兒子相處得不錯，但現在，她告訴自己，她得為未來的幸福而戰。

　　瑪麗意識到，為了啟動法律程序，她必須應用與湯瑪斯的重要對話中學到的東西。我最後一次見到瑪麗時，她正在為她的律師準備要上法庭的文件。她鼓起勇氣，控制住情緒，並決定採取行動。瑪麗告訴我，時間是最好的療癒方式，她對所經歷的一切感到泰然自若。

　　「這感覺就像我的人生課題。」瑪麗告訴我，「我已經學會怎麼鼓起勇氣。我知道在我需要時，隨時可以提起勇氣的。」

重點整理

「鼓起勇氣」對於重要對話是絕對必要的。幸好，勇氣不是我們必須額外取得的東西，而是已經擁有且可以召喚的東西。以下步驟可以幫助你走出舒適圈，進行對談：

一、**找回勇氣**。回顧你在人生中展現堅強的時候，找出過去對你有幫助的東西，看看可以把哪些策略應用於當前的情況。

二、**說出你的恐懼**。仔細看看是什麼讓你焦慮，解釋要具體，確定你在恐懼什麼。例如，被拒絕、損失或痛苦的感覺。一旦了解自己的恐懼，就會發現它們變得不那麼可怕。

三、**權衡利弊**。要進行對話，還是保持沉默，仔細考慮兩者的風險和好處。給自己時間來決定，弄清楚你要開啟對話、或保持沉默的原因。

四、**建立溝通的橋梁**。根據對方的處境，思考如何與對方「相遇」。而內向者在談話前花時間來整理思緒，會有好處。相反的，外向者可能需要藉由對談，來整理想法。請靈活運用你的風格，以適應對方的風格。

五、**聆聽內心的聲音**。找個寧靜的時機，深入內心，聽聽你勇敢的一面是怎麼說的，聆聽心中智慧的聲音。向

自己提問，讓內心自由表達，不帶批判或拒絕，擁抱內心所傳達的訊息。

六、**採取行動**。決定下一步要怎麼走，設定期限，然後**執行**。請人之後檢查你是否已完成談話。還有，發揮想像力，設想自己是以心目中的方式採取行動。

人人都需要「對談的勇氣」

作家路易斯（C・S・Lewis）寫道：「勇氣不只是一種美德，它是碰到考驗時，每一種美德的呈現。」內在力量是所有人都需要的一種特質，以便在人生和艱難的對話中，替我們指引方向。

許多人都覺得，要勇敢進行對話很難。國際績效教練組織（Performance Coaching International）在 2008 年的研究，證實了這是一個普遍的問題。研究中調查了七百五十名在公私部門和志願部門的經理，其中 70% 的人表示他們無法、或不願意進行「勇敢的對話」，來解決員工績效不佳的問題。

經理們提出兩個主要原因。首先，他們對於進行對話有潛在的恐懼。其次，他們不知道怎麼進行對談。

因此，掌握一些技巧訣竅，會有很大的不同。畢

竟，一旦能夠鼓起勇氣進行對話，就可以解決問題，帶來變化，然後繼續前進，更能因此感覺愉快。神學家和哲學家保羅・田立克（Paul Tillich）在其 1952 年的經典著作《存在的勇氣》（*Courage to Be*）中寫道：「快樂是勇敢的情緒表現。」

Chapter **5**

轉變 2：
打造容器，讓對話自在且療癒

「與你對話，我覺得很安全。」

——美國討人艾蜜莉·狄金生（Emily Dickinson）

　　「對話」通常是人與人開始互動的方式。如果進展順利，雙方就會建立起友誼。若友誼經營順利，就能體驗到與對方更深層次的連結或共鳴。先有良好的對話，才有順利的關係。一旦理解這一點，就能更謹慎與他人對話，也能打造適合對話的「容器」。

　　反過來也是如此。對話若是中止，會導致關係破裂。一旦沒有找到方法與對方交談，傷害會發酵，怨恨會增長，彼此的隔閡也會愈來愈大。若是不說話，家庭可能會破碎，伴侶恐怕會分手，兩國之間說不定會陷入戰爭。每一場衝突的背後，都有尚未開啟的對話。

　　不過，在試圖透過對話修復關係之前，必須先做好準備工

作。首先，擁有自己的容器非常重要，這讓我們可以聽到自身想法、感受內心情感，並找出需要向對方說的話。當我們完成這些內在的工作，就能以更好的狀態，與對方聯繫和交談。

而一起交談時，與對方處在一個穩健的容器中，也會產生極大的影響。如此一來，就可以勇敢說出真正需要說的話。雖然意見分歧可能干擾你們的關係，但不至於讓關係破裂。我們能夠提出問題，並探討爭論，這會有助於彌合彼此之間的鴻溝。

但容器不會憑空出現，大家必須有意識地共同創造，而且要在安全、坦白、理解的環境下才會形成。只有在廣闊的情感空間時，我們才會安心地敞開心扉，袒露靈魂，讓思想交流。本章旨在讓你了解如何與他人溝通，並打造對話的容器。

「我該怎麼與形同陌路的人，重建關係？」

多年來，你與父親失去聯繫。在沒有說話的情況下，你們已經形同陌路。最近因為意識到隨著時間流逝，你和父親的關係正逐漸枯萎，於是你萌生恢復聯繫的念頭。一想到要見面，你既緊張又興奮，想起過去你曾有同樣的感受，只是當時的你，沮喪地選擇放棄與父親對話。儘管如此，你依舊盼望透過新的對話來重建關係。根據過去的經驗，你不確定該怎麼做，甚至不知道這事是否可行。

莉莉正面臨著這樣的挑戰。

莉莉是一個聰明活潑的 30 歲年輕人。她討人喜歡，善於表達，也具備藝術天分。她在澳洲雪梨長大，如今在那裡成為了一名職業畫家。她的父母在她 6 歲時離異，父親隨即搬走，此後她只是偶爾見到他。多年來，她的母親講過很多前夫是多麼不可靠、不負責任和生活一團糟的故事。莉莉的哥哥比她大 2 歲，他青少年時期曾和父親同居幾個月，也提過爸爸疏於照顧他的故事。

莉莉五年前離開澳洲去旅行，開闊她的視野。她的第一站是倫敦，去看她的父親湯尼。她形容最後一次與父親見面很辛苦、令人不安和失望透頂。她決定把這段關係暫時拋在腦後，用接下來的幾年在歐洲各地旅行。她主持繪畫工作坊，在不同城市參加現代藝術課程，並出售她旅途期間創作的作品。

莉莉現在正處於人生的重要轉捩點。前陣子回到英國的旅途中，她遇到了夢想中的男人，決定要安定下來，建立自己的家庭。而她覺得，修復與父親的關係，能幫助她更加心平氣和地進入為人母的角色。莉莉腦中開始湧現童年的一些痛苦回憶，她希望處理好這些回憶，以免在成為母親之前被壓力擊垮。

儘管在成長過程中經歷了許多不穩定、動盪和傷害，但莉莉現在已經長大成人，也仍然非常渴望與父親重新建立聯繫。莉莉的一位好友最近失去了雙親，這讓她重新審視自己與湯尼

的關係。

莉莉說：「我想知道，這段父女關係是否有可能及時修復。但我不確定我們能否進行對話。」

現在她和湯尼都在英國，莉莉認為這是再次聯繫湯尼的理想機會。她希望父親對她的新關係表示祝福，也期待能有機會與父親分享她的希望和夢想。莉莉知道自己想要與父親說話，但她不知道怎麼避免令人沮喪的對話。

「每次我們見面，我都感到困惑和沮喪，所以都草草結束。」莉莉邊回想邊說，「我想和湯尼談談，但我不想因此受到更多傷害。」

莉莉覺得無所適從，與我取得了聯繫，希望得到一些指導。「我該怎麼與形同陌路的人，重建關係？」莉莉問道。下面是我們對這個問題，一步步找到的答案。

首先，你需要「容器」，幫你跨越溝通的鴻溝

想像一下，你正走在你家附近的街上，突然看到好友朝你走過來。你們互相打招呼時，這個人會給予你熱情的擁抱。你感受到朋友對你的保護、支持和完全接納。有那麼一刻，你完全專注於他們身上，讓對方的能量包圍你。即使朋友鬆手後，你仍然會感到被他們「抱著」，感受到對方對你的注意、接納和讚賞，這就是進入穩健「容器」時的感覺。而且，與所愛的

人在一起打造容器時，可以毫不費力，我們甚至察覺不到事情正在進行。

容器的英文「container」來自拉丁文 con，意思是「與」，以及 tener，意思是「捧住」。因此，容器的本質是被捧住的感覺。除了人之外，還有許多事物可以讓我們覺得受到保護。比方說，祖先、家庭價值觀、宗教或世界觀，可能可以「支撐」我們。或許有某些實體的場所，能讓我們放下顧慮，更輕鬆地呼吸。有些活動能讓人回歸自我，例如寫作、唱歌、跳舞、繪畫、園藝、散步、冥想和做白日夢。

在進行重要對話之前，保持內心平靜是非常重要的。一旦擁有自己的強大容器，就能感到踏實。即使思緒噪音喋喋不休，仍可以聽到自己的心聲。我們可以感覺到身體的變化，無論是悲傷在胃部的沉重感、恐懼在胸口的顫抖，還是喜悅從心底湧出。

因此，要進入自己的「容器」中，需要靜下心，遠離雜念，為自己留一個足夠的空間。我們要關閉對外在世界的關注，對內在發生的事情變得更加敏銳。一旦態度沉著冷靜，就可以與他人見面，並進行改變人生的對話。

我覺得莉莉在與父親見面之前，必須先堅固她的容器。我擔心，如果她不花時間做這件事，恐怕沒有足夠的穩定度和支撐，來以新的方式面對湯尼。

「再次與父親相見讓我感到非常脆弱。」莉莉告訴我，「我

非常想和他建立關係，但又不想再次失望。」

我鼓勵莉莉做「回歸自己：找到需要說的話」練習（見第三部分，練習④）。這包括用呼吸來平靜身心，並透過反思性寫作或「寫日記」，來幫助她發現自己的想法和感受。然後我們討論了她寫的內容，幫助她做好與湯尼聯繫的準備。

「我不能再讓這段關係，與我擦身而過。」莉莉說道，「我決定寄一封電子郵件給湯尼，說我希望能與他聊聊，並問他：『我們可以談談嗎？』」

由於莉莉變得沉著冷靜，她很清楚與湯尼對話的重要性，以及她將如何開啟這次的對話。

「我們已經四年沒有寫電子郵件。」莉莉說道，「離上次見面也有六年了。是時候該主動找他談談了。」

一週後，莉莉收到了好消息。她比預期中還要早收到湯尼的回覆：湯尼願意見面談談！莉莉知道她無法獨自進行對話，但她現在明白，堅固自己的容器，有助於她播下成功對話的種子。

對話前，就清楚什麼話「不該說」

在談話中，其實不必傳達對某人、或當前情況的每一個想法。因為有些話說了，可能會造成更多的傷害，沒有好處。一旦說出口，就無法挽回了。因此，如果在談話之前，就清楚什

麼話最好不要說，就不太可能因為一時衝動，讓這些話從嘴裡蹦出來。

在輔導的早期和**我們的**安全容器中，我鼓勵莉莉在毫不隱瞞的情況下，說出她所有**可能**對湯尼說的話。她講出了所有感覺被拋棄的憤怒、與他分離的悲傷，還有感到不被人愛的傷害。莉莉邊顫抖邊飆罵粗話，我盡力保持穩定並繼續傾聽。

「他怎麼能在那麼多年前拋棄我們！」莉莉哭著說，「他毀了我的一生！」

我告訴莉莉，她的父親在她那麼小的時候就離開了，這些感受都是合理的。然而，我也表達了我的擔憂：如果莉莉把所有的批判和指責都說出口，與湯尼的對話尚未開始就可能會結束。

為了幫助莉莉弄清楚哪些話最好不要說，我鼓勵她完成「分辨：什麼該說，什麼不該說？」練習（見第三部分，練習⑤和後文的表3）。她寫下了所有想責備和批判父親的事情，先不審視自己。然後我們再回顧她寫的內容，這樣她就能明智地選擇，該為哪些話語「加上括弧」。

「加上括弧」指的是，有意識地把「情緒」擺在一邊。這種做法很有用，因為這有助於我們更容易交談，不會一直提出質疑、反對來打斷別人，而是只說需要說的話，並留出空間，聽取對方必須說的話。

在討論那些最好不要說的話時，莉莉可以看出有些事情是

跟她與湯尼「過去的」關係有關，而不是「現在的」情況了。但這並不意謂著莉莉不會談論過去，只是她選擇找出往事與現在的連結。另一方面，把焦點放在**當下**發生的事情上，也能讓對話保持活力。

兩個工具，找出真正該說的話

在重要對話中決定說什麼和不說什麼，會是微妙的平衡。重要的是，要堅持真實看法，不要吞吞吐吐，同時仍然對有助於與對方保持聯繫的事情保持敏銳。

為了幫助莉莉度過這個布伯所說的「狹窄的山脊」，我給了她幾個工具。第一個問題是：

「有什麼需要說的話、但沒說，就會覺得自己不完整？」

第二個工具是一個框架，莉莉可以用來思考她可能想說的話。面對一場等待已久的對話，我們可能需要一些提示，才能表達想說的事情。我建議莉莉把這些事情包含進去：

- 「**殘酷的事實**」：需要說出口才能澄清的事。
- 「**遺忘的美好**」：她可以感激的事情。
- 「**從未說出口的話**」：她以前從未表達過的事情。

在她反思一會兒之後，莉莉告訴我，辨別她想對父親說的

表 3：莉莉為重要對話所做的準備

加上括弧
最好不說的事

指控和批判
- 「你毀了我的一生。」
- 「因為你不在身邊，我一直覺得自己不夠好。」
- 「你離開的時候，我覺得自己不再完整。沒有人會愛不完整的人。」
- 「這都是你的錯。若你當時有尋求協助，我們本來可以像個家庭一樣。」

表達 我的感受、想法、願望和要求	提問 我真心想知道的開放式問題
殘酷的事實 • 「我對你以及你身為父親的行為，感到憤怒又受傷。」 • 「希望你能承認你在我成長過程中，對於我、哥哥和母親所造成的痛苦。」 **遺忘的美好** • 「我有一些兒時的快樂回憶。像是，你曾經幫我按摩腳，還有一次你讓我幫你粉刷花園的柵欄。」 **從未說出口的話** • 「我希望我們能和過去說再見。」 • 「我希望你能祝福我的新關係。」	**關於我** • 「我還是嬰兒的時候，是什麼樣子？」 • 「你對我的哪些回憶，能讓你微笑？」 • 「你認為我會成為什麼樣的母親？」 **關於對方** • 「你現在過著怎樣的生活？」 • 「你現在從事怎樣的工作？」 **關於我們的關係** • 「我年幼的時候，我們的關係對你來說是怎樣的？」 • 「有哪些美好時光？」

話，不再那麼困難了。

「因為我能夠向妳表達，我所有的傷害和憤怒。」莉莉說，「這讓我更清楚知道，自己**真正**想對湯尼說的事。」

如果能事先私下表達負面情緒，剩下的更多是我們的真實看法，而不是自己的判斷。而且，向第三方「說出來」，也有助於保持重要對話的「純淨」。

如何問出好問題，不再無話可說？

改變人生的對話節奏，是互惠的。在不斷起伏的過程中，我們每個人都有機會說出各自選擇要說的話，也能回應別人的話。對話就像雙人舞，必須同時接收和傳達、同時傾聽和交談、同時提問和堅持。

這種以表達和接納的方式持續互動，能創造出適合對話的氛圍。要是沒有這種相互關係，我們就只能唱獨角戲，而不是在對話中一起前進。為了讓容器出現，每一次的能量交換，必須在以下方面取得平衡：

一、**表達**：給出意見，提出主張，表明立場，表達願望，
　　　提出要求，說明偏好，提供建議。

二、**提問**：提出問題，探究問題，發現更多東西，驗證假
　　　設，提出質疑，確認各自的理解。

在校園和職場上，多半會因為表達而受到承認、認可與獎勵，因此經常在談話中忽視提問。我們大多只專注於自己想說的話，而不會邀請對方分享觀點。畢竟，表達是人的天性。所以，我們需要刻意提問，才能改變對話的方式，並讓彼此建立聯繫，拓展對話的空間。

而練習提問，可以將雙方的對話，催化成改變人生的對話。若缺少提問，就會繼續只顧自身利益。然而，我們向未知敞開心扉的程度，決定了對話所能擴展的程度。如果滿腦子都是自己的主張，那麼就沒有空間，留給那些改變交談的真實問題了。

在輔導過程中，我和莉莉探討了她在與湯尼的對話中，如何反問更多問題。他們前幾次見面有時會無話可說，不知道接下來該說什麼，場面相當尷尬。以下是莉莉列舉出她想要問湯尼的問題：

- 「你後來有再婚嗎？還有其他的兒女嗎？」
- 「你戒酒了嗎？」
- 「你曾經打過家人以外的人嗎？」

以上類型的問題都是封閉式問題，這些問題能直接指出特定資訊，回答者通常只須說「是」或「不是」。如果想得知特定資訊時，很適合提出封閉式問題。然而，封閉式問題很可能

會讓對話結束，沒辦法打開話匣子，因此需要謹慎使用。我鼓勵莉莉重新提出她的問題，以便能得到更完整的答覆。以下是莉莉提出的幾個開放式問題：

- 「你現在過著怎樣的生活？」
- 「你平常都做些什麼活動？」
- 「你與家人以外的人，關係如何？」

開放式問題的範圍更廣，也能探索事情的更多面向。這類問題的開頭通常是「你覺得……怎麼樣？」「你對……有什麼看法？」和「能多說一些關於……的事嗎？」好的開放式問題很有威力，因為會邀請對方參與對話，並表明我們對他們所說的內容很感興趣。

「能事先準備好這些問題，我覺得很棒。」莉莉說道，「我現在知道該怎麼讓湯尼敞開心胸和我對話了。」她停頓了一下，「但要是我不喜歡他的回答呢？那我該跟他說什麼？」

莉莉擔心，湯尼可能會因為這麼長時間沒有聯繫他這個父親，而故意讓她感到內疚。上次見面的時候，他甚至一度落淚，這讓莉莉很難受。

聽了莉莉的擔憂，我想起了沃許在著作中提到的一個徹底改變人生的問題。我就曾在一次重要對話的關鍵時刻，提出這個問題。當時對方一直攻擊我，我就問：

「是什麼讓你這麼痛苦，必須透過傷害我，才能得到療癒？」

聽到這個問題，莉莉的眼睛亮了起來。

「這就像是一支『療癒之箭』，我可以在需要的時候射出這支箭。」莉莉微笑著說。

別人之所以攻擊我們，通常是因為他們想要引起注意。我們覺得對方想要爭吵，但他們其實只是需要被傾聽。而問一個問題，讓對方知道我們在聽，便是在防患未然。一旦這樣做，對話的大門就會敞開。

「對話」，也要找對地點、找對時機……

而一場能改變人生的對話，其容器分為可見和不可見兩個面向。要把有形的容器打理好，包括：決定誰需要參與對話、選擇合適的會面地點，並確保有足夠的時間交談。我們見面交談的環境，會對談話的展開情況，產生重大影響。

當然，處理好無形或心理上的容器也很重要。這是為了確保氣氛有利於交談。在溝通時，我們必須意識到正在傳播的能量。只要感到自在，對話就會流暢。要是相處氛圍緊張、沉悶或乏味，這會扼殺對話的生命力，並破壞交流的容器。

但首先，我和莉莉把注意力轉向她和湯尼會面的有形容器，並仔細考慮了三個關鍵方面：

- **對話的參與者**：我們討論了一下，如果對話變得難以進行，我可能要出手幫忙。莉莉覺得因為我們之前一起進行輔導，她已具備了足夠的溝通工具，能夠獨立處理這次對話。我和莉莉達成共識，如果需要我的協助，她可以在對話過程中，隨時打電話給我。

- **適當的時機**：莉莉假設對話會進行 4 小時，這意謂著他們有充分的時間可以交談，但又不至於讓她感到不堪負荷。她提醒自己，如果待不下去了，她隨時都能離開。她建議在中午見面，這樣她和湯尼就可以一起吃午飯和散步，以舒緩緊張情緒。

- **合適的地點**：莉莉決定他們的會面地點在火車站。她覺得在低調的公共場所與湯尼見面更安全，所以她訂了附近餐廳的位子。她知道在那裡，他們可以私下交談，不會被人聽到。她有把握可以提早到達會面地點，這樣就可以在湯尼到達之前，穩定自己的情緒。

「現在，我已經把這些事情都想清楚。」莉莉反思道，「我覺得這樣進入談話更有信心了。」

處理好看得到的有形容器後，接下來就可以來處理無形的心理空間。

對話的氛圍，其實掌握在你手中

替改變人生的對話營造氛圍，是一項微妙而關鍵的工作。有時候，我們可以很清楚地感受到現場的能量。比如發生爭執的時候，能感覺到「空氣凝結」。其他時候，可能需要更有意識地參與對話，以感受到現場的氣氛。無論是哪種情況，能量交流的品質，可以決定對話容器的成敗。

另一方面，對話的氛圍更多受到言語之外的無聲溝通和互動影響，而不僅僅是談話本身的內容。對於看不見、聽不到但能感受到的事物，我們必須培養出敏銳度。

為了幫助莉莉營造她與湯尼對話的理想氛圍，我建議她完成「決定好行囊：我想這樣與你聊聊」練習（見第三部分，練習⑥）。莉莉確定了她希望在談話中採用的三種特質或狀態，並用來為容器「充電」，使其充滿正能量。她把三種特質分別寫在不同的紙條上，當天放在口袋裡，提醒自己身上有這些能量物質：

安全	誠實	感激

一旦她決定進入對話時的**態度**，我和莉莉討論了她該做什

麼來配合。我們談到以下幾點：

- **營造安全感**：莉莉決定在談話開始時說，她希望兩人有共識，如果他們陷入僵局，任何一方都可以隨時結束會面。
- **保持誠實**：莉莉已經決定，她需要對湯尼說一些殘酷的真相。另一方面，忠於自己也意謂著，儘管有可能會遭到拒絕，莉莉會請求湯尼祝福她的新伴侶關係。
- **表示感激**：在深思熟慮後，莉莉表示她會感謝湯尼撥空見面，也會對童年的快樂回憶表示感謝。

「我從來沒有想過，要提前決定我要如何表現。」莉莉若有所思地說，「我認為我的表現，會對我們的談話方式產生真正的影響。」

為了完成這個練習，莉莉還寫下了在與湯尼進行重要對話時，她想擺脫的三種能量，這三種能量是：

羞恥	憤怒	內疚

莉莉知道，她可能會因為沒有為自己挺身而出而感到羞

恥，因為家庭破裂而感到憤怒，並因為太少與父親聯繫而感到內疚。既然她更加覺察到自己處於這些狀態，就不太可能讓它們干擾到她與湯尼的對話。

「妳會如何釋放這些能量？」我問道。

「我不知道。」莉莉回答，「但我會想辦法的。」

在下一次課程中，莉莉和我分享她的辦法：她會拿出顏料盒，用鮮豔的顏料塗蓋三張卡片上的文字，這樣就看不到字了。她決定是時候向前邁進了。

「做行囊練習非常解脫！」莉莉告訴我，「拋開我所感受到的痛苦和憤怒，真的很有幫助。這解放了我，可以做現在的我，而不是停留在過去。」

聽到這邊，我覺得莉莉還缺少一個關鍵的步驟，才能準備好與湯尼交談。

傾聽，是對話的命脈

如先前所說，容器不會憑空出現。我們可以做很多事情，來創造對話的空間，卻無法保證對話會改變人生。甚至可以說，這些準備工作也只是安慰作用。一旦進入對話，就必須放下原本打算要說的話，並根據實際情況見招拆招。

話說回來，一場對話能多麼改變人生，取決於我們的**傾聽程度**。我相信，「傾聽」是最容易被忽視和低估的談話技巧。

我們深受傾聽自己說話的人所吸引，因為在他們全神貫注的光芒中，我們感到充滿活力、生氣勃勃和被人理解。同理，一旦能真正傾聽他人，就有助於對方敞開心扉，說出他們的真實看法，所以傾聽是對話的命脈。

我和莉莉討論了她該如何專注與湯尼對話，探討她如何不僅能傾聽他說的話，還能聽到他想說的話。我與莉莉分享我所稱的三種互動傾聽技巧，討論了她如何應用這些技巧，來保持與湯尼的對話流暢。

技巧一：聽懂情緒

你處理「互動中能量」的方式，對於重要對話的進行至關重要。如果不加以處理，內疚、憤怒、恐懼和嫉妒會干擾對話。所以，要是湯尼出現這些情緒，莉莉打算直接點出來。例如：

- 「我能理解你為什麼會有這種感覺。」
- 「聽起來你對這件事真的很傷心。」
- 「我能感受到你的遺憾。」

技巧二：主動傾聽，理解對方試圖表達的訊息

真正的對話是共同的體驗，所以我們永遠無法知道，彼此之間會發生什麼。而要展開改變人生的對話，就是得踏入未知

領域，允許那些要浮現的事物自然流露出來。莉莉決定，她可以用以下句子，清楚地表達她在談話中感覺到的事物：

- 「我覺得我們在談論的是……」
- 「我可能是錯的，但我想到的是……」
- 「我想知道你是否也聽到……」

技巧三：專注聆聽，回到當下

有時候對話說不定會偏離主題、變得沒有幫助，或者「掉入無底洞」。萬一時間有限、或有重要事情要討論，就可能需要重新聚焦。莉莉發現，她可以問以下問題，引導她和湯尼回到當下：

- 「我想知道，你所說的事情與當前情況有什麼關係？」
- 「你注意到當時和現在有什麼相似之處？」
- 「你從那次經歷學到什麼，是對現在有幫助的？」

一旦我們對聆聽的方式和說話的方式同樣注意，就會發生改變人生的對話。聆聽打開了容器，讓新的能量可以注入。

「我沒有意識到，需要這麼注意自己的聆聽方式。」莉莉反思道，「感覺這可能是一項艱苦的工作。但如果它能把失望翻轉成對話，那我願意去做！」

莉莉的聲音裡，有一種我以前從未聽到的朝氣。憑藉她新獲得的力量和打造容器的技巧，她現在已經為重要對話，做好了準備。

真誠的溝通，可以療癒深深的傷害

在她要見湯尼的那天，莉莉醒來時既興奮又擔心。為了穩定下來，她花了幾分鐘寫日記。之後，她把上面寫著安全、誠實和感激的能量應援卡片，放進包包裡，莉莉提醒自己，要把這些特質帶入她與父親的交談中。

莉莉很早就到了她要去見湯尼的火車站，她花了幾分鐘深呼吸。當她吐氣時，她清空了自己過去在和父親談話時，感到的羞恥、憤怒和內疚。

第一眼看到湯尼，莉莉感到心跳加快。為了幫助自己保持專注，她在靠近父親時，故意放慢了走路的速度。

「嗨，湯尼。」莉莉露出友善的微笑，「感謝你願意前來。」

她建議他們沿著河邊散步，然後去吃午飯。他們邊走邊談，莉莉跟湯尼約定，如果他們陷入僵局，就可以結束談話。湯尼表示贊同，並說他希望沒有必要這樣做。

當莉莉發現自己不知道該談論什麼話題時，她悄悄地提醒自己那些她決定不說的話：她選擇暫時放下指責和批判。她想

起自己想問湯尼的問題，這樣談話就會流暢起來，而且毫不費力。

後來，她覺得與湯尼更能交心時，莉莉談到了多年來，對他的離開感到的憤怒和受傷。她小心翼翼地平衡氣氛，同時詢問湯尼過得怎麼樣。在莉莉聆聽的時候，她開始明白父親的離開，對他自己也是很難熬的，也明白他從那以後，一直背負著深深的內疚感。

在氣氛軟化的時刻，莉莉驚訝地聽到自己對湯尼說了一些她以前從未想過的話。

「對於過去發生的事，我原諒你。」莉莉平靜地說，「我能理解你當時已經盡力了。」

湯尼含著淚水轉向她，和她分享了她童年的一些故事。她現在才知道，他以前會在睡前念故事給她聽，還買書給她，逗她開心。莉莉深受感動。當她告訴湯尼她的新戀情、以及希望自己有朝一日成為母親的願望時，湯尼說他很高興。

在湯尼試圖談論未來時，莉莉把他拉回來，讓他專注於現在。

「一想到要建立未來持續的關係，我就感到不知所措。我需要一些時間考慮一下。」她盡可能貼心地說道。

隨著會面時間接近尾聲，莉莉精心感謝湯尼願意交談。結束會談後，她感到疲倦，但又很高興。她多年來所遭受的傷害，已經透過那次重要談話得到了醫治。

重點整理

替改變人生的對話打造容器，是強大而微妙的工作。在安全和充滿活力的氣氛下，一起交談可以帶來徹底的變化。以下的步驟，可以幫助你打造這種廣闊的情感空間：

一、**創造自己的容器**。在主動與別人溝通前，先讓自己穩定下來。你可以做任何能讓你感到平靜的事情，像是寫日記、冥想或散步。放慢腳步，走進你專屬的容器，在那裡你可以聽到自己的想法，並深入了解內心的情緒。

二、**決定不說的事**。放下那些最好不要說的批判和指責，有自覺地把「情緒」擺在一邊。把「過去的」事情加上括弧，並注意「現在的」事情。

三、**辨別要說的事**。決定你需要說什麼，才能感覺事情圓滿。想清楚你選擇交流的內容：嚴酷的事實、遺忘的美好，以及你以前從未說過的事情。

四、**謙虛地提問**。挑選適合的問題，讓對方能敞開心胸，參與對話。以欣賞的語氣、廣泛和開放式的問題，來表達你的好奇心。

五、**顧及有形的容器**。決定讓誰參與對話，選擇合適的時機和談話的時間長度，確保你的會面地點有利於對話

的進行。

六、**營造氛圍**。要特別注意談話的氣氛,提前決定你想在
談話中展現哪些特質。將這些特質寫下來,並隨身攜
帶,以提醒自己傳達這樣的能量。

七、**擴展容器**。深入聆聽。使用互動式聆聽技巧,積極展
示你正在傾聽對方說話。例如:反映他們的感受、專
注於當下,並清楚地表達你在對話中感受到的事物。

環境對溝通的影響,比你想的還要大

根據《心理學家》(*The Psychologist*,2005 年 11 月)
所報導的研究,教室的格局會影響對話的進行,座位安
排等實際狀況會影響人的交談方式,而我們可能沒有注
意到。

與坐成一排的學生相比,坐成半圓形的學生提問的
情況更踴躍。此外,如果學生能夠看到彼此,「關於主
題的討論」數量增加了一倍以上。事實上,面對面的接
觸對於談話很重要。因為暢通無阻的眼神接觸有助於我
們集中注意力,並表現出興趣。

《心理學家》(2008 年 4 月)報導的其他研究顯示,
即使像拿著熱飲或冷飲這樣看似無關緊要的事情,也會

影響人的談話。在實驗中，受試的學生被要求在回答問題時，拿著一杯熱咖啡或冰咖啡。接下來，他們與另一位研究人員聊天。研究員離開後，受試者被問及是否會推薦工作給剛才的研究員。拿著冰咖啡的受試者表示不會的機率更高，而拿著熱飲的受試者則說他們會。由此可見，環境對我們的影響，比想像中還要大。

Chapter **6**

轉變 3：澄清本意，不再逃避對話

「你有怎樣的意願，就有怎樣的人生。」

——沃許

　　無論是告訴對方我們愛他，或是為了爭取夢寐以求的工作勇敢表達意見，還是跟伴侶說要放手讓他走，重要對話有時是為了創造新的人生，必須跨越的一道門檻。

　　許多人一旦知道與某人交談，會對自己及周圍人的人生，產生重大影響時，就會避免對話。然後，繼續過著默默絕望的生活，感到不舒服、沮喪或焦慮。畢竟，要打破停滯不前的循環，需要能量：我們必須找到毅力和自尊，做出不同的選擇。

　　幸好，在面對惰性時，我們最強大的盟友之一，就是意圖的力量。這是一股強大的力量，可以推動人們前進、重回正軌。有了意圖，就能找到一條延伸到未來的路，並一起步入對話。一旦選擇這麼做，明確的意圖會啟動重要對話。

　　另一方面，運用意圖的力量，也會給對話帶來顯著的影

響。比方說，大家會更真誠地說話、更有禮貌地指出分歧，也會更了解正在發生的事情。隨著意圖變得更加清楚，對話也變得更有力量。本章旨在讓你透過與人交談，找到內在的力量，開啟新的人生篇章。

「我不想造成傷害，但也不知道該說什麼……」

你已經結婚近二十年，幾乎是你的整個成年時期。你的妻子一直是一個穩定、可靠和體面的伴侶，你們有兩個孩子。但在過去的十年，你覺得自己已「安於」舒適的生活，而不是活出充滿熱情的人生。你有過幾次婚外情，再次嘗到了興奮的滋味。但你知道與其他人交往，只會讓自己感到內疚，也會給妻子帶來痛苦。你甚至開始想像新生活，做真正喜歡的事情，但你害怕到頭來只是一場空……或是惹得一身腥。你的妻子曾試圖與你談論未來，希望情況能有所好轉。但你總是避免談話，因為你深知，自己的心早已不在這段婚姻裡。事實上，這種情況已持續一段時間。你知道進行對話有可能改變一切——你自己、妻子和你的家庭，都會受到影響。

皮特曾經歷過這種困難的情況。

皮特是一個開朗、隨和的 40 歲男子，他清澈的棕色眼睛裡閃爍著光芒。他出生在倫敦東區，母親是希臘人，父親是英

國人，他說話帶著親切的倫敦腔，給人地中海式的溫暖和奔放。有別於典型的成功都市不動產開發商，皮特對於個人成長充滿熱忱，從小就對東方哲學相當感興趣。

皮特認識凱瑟琳時，他們都 19 歲，住在同一條街上。凱瑟琳當時正在接受社工的培訓，皮特則在打零工。皮特來自脾氣火爆的家庭，他被凱瑟琳善良、體貼的天性所吸引。經過三年的約會，在此期間凱瑟琳取得社工的資格，還獲得在加拿大工作的簽證。她叫皮特娶她，這樣他們就可以一起去加拿大。他們在多倫多度過了愉快的一年，然後，兩人的第一個孩子即將出生，因此決定回到英國建立家庭。皮特和凱瑟琳現在帶著兩個十幾歲的孩子，住在艾塞克斯（Essex）。

皮特把他們婚姻的早期描述為友善、幸福和平靜。他馬上就體認到，凱瑟琳作為妻子和母親是多麼有愛心、投入和奉獻，但他說，二十年過去了，他們之間有一種「虛假幸福」的氛圍。他們避免同時上床睡覺，這樣就不必面對不再有性生活的現實。皮特懷念肢體接觸，他知道沒有這種親密關係，自己不會感到滿足。他也知道，和別人約會只是「逃避現實」。因為過去的經驗告訴他，外遇會讓婚姻根本無法維持下去。

在過去幾年裡，皮特覺得他和凱瑟琳之間出現了「明顯的距離」。他說，這種疏離的感覺突然爆發時，凱瑟琳想要進行**重要**對話。她想知道情況的真相：他們的婚姻會好起來嗎？而他的一貫反應是，「我不知道該說什麼。」凱瑟琳會開始哭泣，

皮特則會退縮，凱瑟琳又會沉默不語，開始出現隔閡的感覺。由於他們似乎無法打破這種模式，皮特感到愈來愈無奈和沮喪。他繼續維持家計，陪伴他的孩子，但內心愈來愈感到絕望。

皮特畢生對個人成長的興趣，最近有了新的變化，他開始在晚間演講，並受邀舉辦研討會。隨著他心裡的呼喚與日俱增，他知道他必須與凱瑟琳談一談他的感受和未來的發展。

「我知道我什麼都不說，很『優柔寡斷』。」皮特承認，「我只是不知道該說什麼。」

經過多年獨自的心靈探索，皮特終於毅然決然地尋求輔導。在第一次課程中，他問我，「怎樣才能在不造成太大傷害的情況下，傳達婚姻已經走不下去的訊息？」接下來是我們尋找答案的過程。

意圖、雷射光與對話的力量

人的意圖塑造了現實情況。意圖就像扔進池塘的石頭一樣，會在我們的經歷中激起漣漪，並創造變化。而清楚、專注、有目標的意圖，會激起特別大的水花。因此，最好在談話之前，仔細檢查自己的意圖，這樣才能確保說出的話，傳遞出想要表達的資訊。

在早期的輔導課程中，皮特處於混亂的狀態。當他考慮與

凱瑟琳談話時，他經歷了一連串不同的想法和情緒。在某些時刻，他說他感到無奈、沮喪和絕望。在其他時候，他能觸及到不一樣的境界，彷彿能感受到他所期待的未來。

「我想綻放自己的光芒，追求最高的目標，實現最大的夢想。」皮特這麼描述他的願景。他想建立新事業，並舉辦個人成長方面的活動。

但也有一些時候，皮特承認，「我無法決定要怎麼辦。我想做出改變，但不知道該怎麼做。」

在他心情低落的時刻，皮特會說：「我完全迷失了方向，不知道要面對什麼，更找不到與凱瑟琳對話的方法。」

聽著皮特說話，我覺得自己被他的思緒擾亂。我可以感受到他在考慮結束婚姻時的焦慮，以及這將給他的妻子和孩子帶來的劇變。我也為凱瑟琳感到擔憂。畢竟，無論談話的結果如何，如果皮特一直處於這種困惑狀態，便永遠無法就兩人的未來，進行**重要**對話。

我想到了波姆在著作《論對話》（*On Dialogue*）中，一個說明想法運作方式的比喻。他認為，一般的想法往往「不協調一致」，朝著各種方向發展。不同的想法會互相衝突，也會互相抵消。相同的道理，一般光源也是「不協調一致」，因為光波向四面八方傳播，不會累積任何能量。

另一方面，雷射光的光束則非常強烈**且**一致。由於光波都沿著同個方向傳播，所以能累積強度。因此，雷射光的光束能

夠做到一般光做不到的事情。雷射光可以切割金屬、治療病患、掃描條碼，以及照亮天空。

想到這個畫面，我決定盡我所能，幫助皮特「增強力量」，讓他的想法更加連貫。我讓他專注於想要的東西，並找到三個與之相符的新想法。我建議這些想法，應該讓他感到愉快，**也要**讓他信服。皮特想到的事情如下：

- 「我將盡力尊重自己和家人。」
- 「**一定**有解決的辦法。」
- 「我過去曾與客戶進行過困難的對話。」

他把這些想法寫下來，放在每天都能看到的地方。現在皮特正在以一致的方式整理他的想法，這樣就更有可能展開重要的對話。

如何不再推託談話？首先，拿出三張紙……

一旦運用意圖的力量，就是在挖掘比自己更強大的力量。意圖的英文「intention」的拉丁文字根，與 extension（延伸）、attention（注意）和 tension（張力）相同，都是 tendere，意思是伸展。「意圖」顧名思義，是「延伸到」的意思。也就是說，有了明確的意圖，就可以展望未來，並讓對話為新事物打開一

條「出路」。此時自己想要的目標，和人生想要帶我們去的方向趨於一致。

只要意圖很明確，就不會再推託談話，會正視自己必須做的事情。我們不再躲避能量已經耗盡的證據，不再隱瞞對人生的渴望已消退、創意已然枯竭。我們不再假裝現在的關係還過得去，並接受如果要實現夢想，就需要進行對話。

當然，與某人談論自身感受和想要的東西，聽起來很簡單，但往往並不容易。當我問皮特覺得什麼事情最具挑戰性，他談到了未知的未來。

「我知道會失去什麼，但不知道可能獲得什麼。」皮特說道，「我很清楚我不想待在原地，但不明白自己**到底**想要什麼。」

可是，只知道自己不想要什麼，但不清楚**到底**想要什麼，恐怕很難找到自己的心聲。所以，潛入混亂的底層，傾聽更深層的自我心聲，這是至關重要的。我們要從內心深處喚起意圖，因為在人生中感到茫然時，這樣可以有所依靠。

為了幫助皮特喚起他的意圖，我建議他完成「跨越門檻：釐清對話的目標」練習（見第三部分，練習⑦），這包括想像他正在寫自傳，並為當前章節和下一章想出標題。這是一項利用創意想像力、繞過用頭腦策畫的練習。而當你能聽到靈魂的意圖時，就可以開始向前邁進了。

在皮特想出他當前和未來章節的標題後，我就問他要跨過

什麼門檻，才能標誌著一章的結束和下一章的開始。他在三張紙上寫下章節標題和要跨越的界線，內容如下：

當前的章節 尋找我的志趣	門檻 與凱瑟琳 進行重要對話	未來的章節 從事個人志業

皮特若有所思地看著放在他面前的三張紙。

「我不想死的時候，都還沒有做真正想做的事情。」他說，「我需要想辦法貢獻所長，但首先我必須和凱瑟琳談談。」

皮特接著說，雖然他愛凱瑟琳，但他覺得凱瑟琳不再是他的人生伴侶。如果他要開始下一個篇章，就必須和凱瑟琳談談。隨著他想進行對話的意圖愈來愈強烈，我們隨後把注意力轉向，幫助皮特進一步展望未來。

下一步，準備好開場白

有了明確的意圖，要與某人交談後，下一步就是知道如何開始對話。雖然有時，這感覺像是整個互動中最具挑戰性的時刻，但也是我們最能影響對話展開方式的時機。

皮特告訴我，他完全不知道該對凱瑟琳說些什麼。他們的重要對話已經「擱置」了太久，以至於他不知道該如何開始。

他知道，如果這次對話導致兩人的婚姻結束，這對他們倆來說都是非常令人沮喪和艱難的。

「如果我知道該如何展開對話，一切就不會那麼令人卻步了。」他說。

但我相信，皮特內心深處**確實**知道如何開始交談，我特意問了下一個問題。

「很明顯，你仍然非常關心凱瑟琳。」我回應，「那麼你在開口時，可以說些什麼來證明這一點？」

皮特停頓了一下。我能感覺到，他潛心尋找要說的話，想做到既傳達出真實想法，又能對結婚二十年的妻子盡可能地保持愛與慈悲。我鼓勵皮特把我當成凱瑟琳來說話，這樣可以說出他可能實際使用的字眼。他說了三件事：

- 「這是我一生中最重要的對話。」
- 「我將當一個支持妳的朋友，並為這個家提供經濟支援。」
- 「沒有第三者介入，但我們確實需要談談。」

我告訴皮特，這些基本上都是進入重要對話時，要先傳達的關鍵訊息。雖然說這些話，不見得會讓情況變得不痛苦，但能幫助凱瑟琳聽到皮特想要表達的話。皮特愈是善意地向凱瑟琳主動溝通，那場談話就愈有可能為兩人帶來積極的改變。

說出困境，可以幫你好好對話

重要對話的挑戰之一，就是要不要進行對話的兩難。不過，說出這個困境可能是進入對話的有力方式，因為這樣可以阻止我們頭腦在那邊猶豫不決。此外，它顯示我們打算深入討論重要的事情，而不是停留在表面上。

「進退維谷」（dilemma）是一個困窘的處境，指的是無法在兩個不愉快的選擇之間做出決定，因為任何一個選擇都可能帶來糟糕的結果，前進後退都無路可走。這個英文字詞本身來自希臘文 di，意思是「兩個」，以及 lemma，意思是「前提」。

隨著我和皮特進一步探討他的處境，很明顯他陷入了不知所措的個人困境中。因為與凱瑟琳的對話可能意謂著婚姻告吹，這是特別痛苦的處境。我覺得如果皮特能清楚地看到他的困境，他就可以與凱瑟琳分享，表達他強烈覺得需要談話和做出一些改變。

我建議皮特假裝在跟凱瑟琳談話，說出他的兩難處境。使用「一方面……，另一方面……」的框架，皮特可以把困境擺在眼前：

「一方面」	「另一方面」
「二十年來,我們一直保持著充滿愛和支持的關係。妳是一個好妻子和好媽媽,我不想傷害妳和孩子們,我不想失去妳的友誼和陪伴。」	「我覺得我們更深層次的關係已經消逝,妳的外貌不再吸引我,而且我認為這不會改變了。我覺得我們的生活正朝著不同的方向發展。我不開心,我認為彼此都應該得到更多的幸福。」

以這種方式與他人述說困境,意謂著自己更有可能敞開心扉交談,而不是僅僅把自身決定當作「既成事實」來提出。我們擴大了下一步可能發生的契機,而不是單方面做出決定。而且,在說出困境後,還可以邀請對方說出**他們**對情況的看法,使對話變得有創意。一旦我們在對話中真正與對方相遇,就會敞開心扉,讓自己因彼此的談話方式而改變。

「所以,」皮特說,「我準備好開場白,說出困境,並問凱瑟琳她的感受。然後會怎樣呢?」

我提醒他,真正的對話是隨心所欲,無法控制的。

皮特跟我說了他的擔憂:「我連她會有什麼反應都不知道,我要如何應對?」

在下一次輔導課程中,我們研究了皮特在邁出下一步到未知領域時,該如何讓談話順利進行。

每個人在對話中，都該努力的「四大行動」

對皮特來說，「說出困境」是非常不同的開啟對話方式。這傳達了他加深對話的意圖，以便和凱瑟琳談論最重要的事情。否則，他們可能還是會不斷迴避，持續深陷其中、停滯不前。

由於意圖在創造改變人生的對話方面，是非常強大的資源，我和皮特探討了他如何進一步運用意圖。我們仔細研究了對話的運作方式，以便皮特可以在每一刻做出更明智的互動選擇。

我告訴皮特，在任何對話中都有一套機制在發揮作用。一旦理解這個機制的運作方式，就可以更輕鬆地以想要的方式與他人互動。參考美國家庭治療師和組織顧問大衛‧坎特（David Kantor）的著作，我描述了在任何對話中都可以進行的四種基本行動（見圖1）。每個行動的目的都不一樣，更會為對話的走向與調性，帶來不同的影響。

- 「**推動**」帶來方向：例如，說「我建議我們談談……」「我認為我們應該決定……」「我的建議是，我們……」
- 「**跟循**」帶來完成：例如，說「我同意……」「我支持……的建議」「讓我們照你說的做，然後……」
- 「**反對**」帶來糾正：例如，說「我不同意……」「我對……的看法不同」「我對這一點的質疑是……」
- 「**旁觀**」帶來觀點：例如，說「我注意到……」「似乎有一個困境……」「我觀察到的是……」

在改變人生的健康對話中，四種行動都存在，並且互相貫通。相反的，在功能失調的對話中，會缺少一種或多種行動，還會重複現有的行為模式。所以，一旦對話變得僵化和枯燥，我們可以找出是缺少哪一種行動，再有意加上，使對話更具活力。

為了幫助皮特思考，如何才能照他期望的方式與凱瑟琳交談，他完成了「技巧集合：提升溝通能力」練習中的問卷（見第三部分，練習⑧）。這讓他能更清楚，四種對話行動中，哪些是他最擅長的，哪些還不熟練。坎特也發現，人們通常在一兩種行動上做得好，至少有一種行動做得不充分。然而，要是沒有用上全套的行動，會造成掣肘，更限縮了對話的範圍。

圖 1：四種行動及其意圖

推動
沒有推動，就沒有方向。

旁觀
沒有旁觀，就沒有其他思考角度。

跟循
沒有跟循，就沒有完成。

反對
沒有反對，就沒有修正。

擷取自坎特的《閱讀房間內的空氣》
（*Reading the Room: The Four Levels of Leadership Dynamics*）

皮特發現他最少採用的行動是旁觀。他意識到，自己和凱瑟琳談話時，常常被談話的內容所吸引，以至於忘記觀察他們交談的**方式**。這使得對話偏離正軌時，很難重新聚焦。而學習注意談話的**方式**，以及談論的**內容**，可以讓對話提升到一個全新的高度。以這種方式培養「雙重處理」的能力，有助於我們在對話中取得極大的進展。

使用「技巧集合：提升溝通能力」練習中的提示，我和皮特探討了他如何利用「旁觀」技巧，為對話帶來更寬廣的思考角度。

「想像一下，你是牆上的一隻蒼蠅，正在觀察自己和凱瑟琳的談話。」我說，「你可能會看到什麼？」

皮特分享了他的旁觀者視角，而我建議他除了觀察，再加上提問，以確認他所看到的是否準確。皮特提出了以下幾點：

- 「我看得出妳在哭，這讓妳徹底震驚嗎？」
- 「我觀察到的是，我們開始談論可能讓彼此感到害怕的未來。那大家現在應該繼續探討，還是休息一下？」
- 「看起來我們在這裡陷入了僵局，妳覺得呢？」

皮特說，準備好這些話讓他更有信心，可以懷著愛與慈悲，與凱瑟琳交談。

「我不會太拘泥於**自己**在想什麼和說什麼。」皮特說，「萬

一對話變得非常棘手，我也知道該說些什麼。」

　　所以，若要讓對話保持流暢，除了參與對話，更要能站在旁觀者的角度，進行觀察。

原來，溝通困難重重，是因為……

　　我和皮特還研究了他與凱瑟琳交談時，他**最**有可能採取四種行動中的哪一種。雖然這可能是他的強項，但也可能變成濫用（而此時切換到另一種行動會更有幫助）。坎特稱這種情況為「困住」，通常會破壞我們傳達意圖的能力。

　　在完成「技巧集合：提升溝通能力」練習後，皮特發現他與凱瑟琳交談時，最有可能做出的「困住」行動是反對。他不僅口頭上會這麼做，例如，說「現在不是談話的好時機！」也會在肢體上這麼做，像是對凱瑟琳提出的談話要求，冷漠以對。結果，凱瑟琳雖然一開始很想談話，但還是會退縮。

　　皮特的反對產生了非己所願的影響。雖然他打算質疑她選擇的談話時機，凱瑟琳卻把他的反對視為攻擊。事實上，我們的意圖與自己帶給他人的影響，這兩者之間的「差距」，正是溝通中困難重重的根本原因。

　　因此，如果不傳達積極、明確的意圖，更有可能產生自己不希望出現的影響。而訊息中的「曲解」愈多，在對話中遇到的困難就愈多。例如，當皮特提出反對，「妳怎麼會想說現在

可以進行對話？」他這是在傳達批評，而不是尊重地提出不同
意見。然後，凱瑟琳意識到了這個潛在的反對訊息，便轉身不
再說話。

而掌握熟練的談話技巧，包括帶著明確的意圖進行交流，
這樣傳達的訊息才會符合本意。表 4 顯示出，一旦在沒有明確
意圖的情況下行動，恐怕會發生衝突。

表 4：意圖和影響之間的差距		
	積極的意圖 如果這個行動做得好，我 們會給對話帶來：	**非預期的影響** 如果過度使用這個行動， 我們可能會被認為是：
推動	• 方向。 • 焦點。 • 目標。	• 強勢。 • 霸道。 • 不耐煩。
跟循	• 完成。 • 和諧。 • 連結。	• 迎合。 • 順從。 • 優柔寡斷。
反對	• 修正。 • 重新調整。 • 挑戰。	• 批判。 • 令人討厭。 • 好鬥。
旁觀	• 觀點。 • 中立性。 • 完整脈絡。	• 不感興趣。 • 退縮。 • 冷漠。

根據坎特的研究

我和皮特繼續探討，在他真正想傳達的內容、實際所說的內容，以及他說話的方式上，該如何保持一致。而在參考了「技巧集合：提升溝通能力」練習中的建議後，皮特決定透過以下方式「清除」他的反對行動：

- **說明他想要的事情，而不僅僅是他不想要的事情。**例如，不要說「我現在不想談！」他可以說，「我現在還沒準備好要談。我希望我們能在明天我不那麼累的時候，找個時間再談。」
- **說出他不同意的理由。**不要只說，「我討厭妳連試行分居都不考慮！」他可以說，「我對試行分居的看法與妳不同，我認為這可以給我們空間，來釐清自己長遠下來，真正想要的事物。」
- **徵詢質疑。**皮特也可以要求凱瑟琳糾正**他的**想法，這樣他就不是唯一提出對立觀點的人了。他可以說，「我很想聽聽妳對我們財務分開的建議，有什麼看法。我可能忽略了什麼嗎？」

我和皮特研究了他如何在與凱瑟琳交談時，也能做出有效的推動和跟循。然而，我們並沒有擬定完整的具體行動清單，也不會制定周密的執行計畫。畢竟，這樣的準備毫無意義，因為人永遠無法完全控制對話的發展。相反的，我們所做的是，

大致想出皮特如何按照對話的要求，做出每種行動。這有助於他保持靈活，以巧妙、柔軟和體貼的方式，應付重要對話。

你在對話中，抱持什麼心態？

雖然抱持明確的意圖，有助於開展改變人生的對話，但有「預期心理」卻會削弱一起交談的能力。因此，明確表達自己的意圖之餘，同時放下對獲得特定結果的執著，才是在對話中「步步為營」。如果能找到這樣的方式，我們就會對新的可能性保持開放的態度，並在出現意外情況時更能保持冷靜。

為了幫助皮特放下個人的目標與期待，他完成了「提升高度：讓互動更順利」練習（見第三部分，練習⑨）。首先，他在表格（見表 5）中，寫下他對「與凱瑟琳的重要對話」的期望，其中一些是正面的預期，其他則是負面的。然後，皮特把特定結果，轉化為更廣泛的正面意圖說法，將這些預期心理提升為意圖。為了幫助皮特拋開期望，我建議他拿一把剪刀，沿著表格的虛線剪開，然後扔掉這張紙上的預期狀況。

接下來，皮特考慮如果他的意圖沒有實現會怎樣。我們討論了那些即使不符合他偏好、但也可以接受的情況。皮特再次回顧了他的意圖，並把它重新塑造成「可以接受的情況」。而將意圖提升為可以接受的情況，這會讓他更容易接納凱瑟琳所說的話，這樣才能實現真正的共創對話。

表 5：皮特的預期、意圖和可以接受的情況		
預期	意圖	可以接受的情況
一旦談話變得困難，我就不知道該說什麼了。	說出我的真實感受。	不確定接下來該說什麼，是正常的事。
凱瑟琳會變得很激動，開始哭泣。	我會盡力支持凱瑟琳。	我接受凱瑟琳很可能會淚流滿面。而讓她不高興會讓我感到困擾，這一點我也接受。
這次談話會讓我獲得我渴望的自由。	一起決定什麼對我們這個家，是最好的。	在我們談完之前，我不知道下一步該怎麼做。

✂

　　皮特告訴我，做這個練習，幫助他以新的方式看待與凱瑟琳的重要對話。

　　「我不再那麼執著於結果。」皮特說，「我想我能更順其自然了。」

　　聽到這些話，我知道皮特現在已經準備好，進行重要對話。

好好交談，讓要離婚的我們更加親近了

　　最後，皮特與凱瑟琳花了整整一個週末，進行重要對話。

在星期五的深夜，皮特坐在客廳裡他最喜歡的椅子上，獨處了一陣子。他感到難過，但仍然積極採取行動。他反思了意圖，清楚自己要向凱瑟琳堅持他的真實想法，並盡可能地表現出愛與慈悲。當晚皮特上床睡覺的時候，他知道第二天要說什麼，並在腦海中反覆揣摩那些話。

星期六早上，孩子們去朋友家過夜後，皮特問凱瑟琳他們是否可以談談。凱瑟琳看起來有點擔心，皮特確認她是否可以交談。凱瑟琳說她寧願談一談，也不願被蒙在鼓裡。皮特知道現在是他以明確意圖採取行動的時候了。

他按計畫進行，溫和地說出自己的困境，並邀請凱瑟琳一起討論。隨著對話深入，她和皮特兩人都一直流眼淚。凱瑟琳哭泣時，皮特抱著她，沒有試圖消除她的痛苦，也沒有否認情況是多麼悲傷。

一旦談話變得太激烈，皮特會喊暫停。等到兩人重新收拾好情緒，再繼續交談。當他們討論分居時，凱瑟琳說這讓她感到很難過，但她也說她寧願知道自己的處境，也不願無限期地處於不明朗的情況中。

週末結束時，皮特和凱瑟琳決定在接下來的三個月，繼續住在一起。他們想看看，如果皮特還住在同一個屋簷下，兩人是否可以作為朋友並共同撫育孩子，開始建立新的關係。儘管家裡的安排不會立即改變，但他們同意盡快告訴孩子，兩人決定分開。奇妙的是，儘管他們同意讓婚姻畫下句點，但一起交

談卻讓彼此更加親近。

「我們不是在結束這段關係，只是改變了形式。」皮特說。

三個月後，皮特搬進了自己的住處。凱瑟琳幫他清空衣櫥，並在把行李放進車裡時，流下了幾滴眼淚。皮特在內心深處保持堅強，提醒自己有忠於初衷，同時盡可能不造成傷害。他告訴凱瑟琳，如果她需要談話，可以隨時打電話給他，並說他稍後會打電話給孩子們問候一下。

結束婚姻的過渡期很艱辛，但沒有皮特想像的那麼痛苦。他和凱瑟琳找到了一種方式，在分居的情況下，還是當朋友，並照顧孩子。皮特的明確意圖使他能夠進行重要對話，這樣他就可以開始「從事他的志趣」。

重點整理

為了創造新的人生，有時必須跨過門檻，進行重要對話。而清楚、專注的意圖，能使我們向前邁進，並傳達想要的訊息。以下的步驟將幫助你：

一、**增強力量**。意識到你對自己想要的東西感到矛盾之處，盡可能清楚地專注於你**確實**想要的東西。寫下一些想法，是自己可以相信、並與你想要的東西相符，

然後每天看著這些想法。

二、**喚起意圖**。聆聽內心直覺，找出內心深處的熱情，弄清楚你需要跨過什麼門檻，才能進入人生的下一章。如果需要進行重要對話，請下定決心進行這個對話。

三、**準備好開場白**。站在對方的立場，問問自己，對方需要先聽到什麼，才願意繼續對話。練習說出你的開場白，以便你從一開始就傳達想要表達的訊息。

四、**說出你的困境**。如果你發現自己陷入兩難，請說出來。替對方解釋情況，以便他們更能了解你的出發點，邀請對方分享他們對情況的看法。

五、**拓展你的溝通技巧**。在對話中，想好如何把推動、跟循、反對和旁觀，這四種行動運用到最好。注意你可能會遺漏哪一種行動，再有意把這種行動「不留痕跡地」加進對話中。

六、**留意並調整讓對話卡住的行為**。注意你在談話中的什麼地方被「困住」了。決定你是否可以採取推動、跟循、反對或旁觀等行動。讓你的行動盡量減少遭人「曲解」的可能，這樣你帶來的影響，就符合自身意圖。

七、**放下**。覺察到潛藏在你意圖背後的預期心理，並拋開它們。歡迎意想不到的事物，擁抱未知的情況。找出你可以接受的情況，而不是執著於特定的結果。

人的意念，竟能改變物理世界？

　　科學研究說明了人如何利用意圖的力量，來塑造對話和人生。比如，琳恩‧麥塔格特（Lynne McTaggart）在她 2007 年出版的《念力的科學》（*Intention Experiment*）一書中，描述了在量子或次原子的層面上，宇宙中的一切是環環相連的，因為所有物質都是由一直在互動的脈動能量組成。因此，物理上的實況具有可塑性，就像未凝固的果凍一樣，我們可以利用專注、有目標的念力，來讓果凍凝固。

　　正如磁場向外輻射，會超出磁鐵本身的範圍一樣，人的思想並不局限於頭腦裡面。我們的意識透過能量「場」延伸到身體之外，這些能量「場」將我們與彼此，以及周圍環境連結起來。一旦思想是有意識、連貫和專注的時候，就可以透過能量場擴散出去，並改變物理實況。科學家已經找到了幾種方法，可以增加人們意圖的強度，從而影響實體物質。這些方法包括：

一、**清楚地表明你的意圖**。使用現在式時態，來表達積極、具體的內容，例如「我打算和我的伴侶談談」或「我擁有這次對話所需的所有資源」。當然，要產生影響，這些句子必須對你而言是真實的。把它

們寫下來，並經常重複看。

二、**在心中模擬對話情境**。排練你想表達的主要訊息，使用你會說的實際話語。想像一下對方可能會如何回應，以及你會怎樣回答。在你說每一句話之前先暫停一下，確認它傳達了你想要表達的訊息。

三、**排練你在對話中，希望感受的情緒**。使用記憶來啟動正面的感受，例如解脫、欣喜或平靜。注意你身體的哪個部位，感覺到這些感受。這有助於將這些感覺，固定在你的實體現況中。所以，特別要練習你想在談話結束時，得到什麼感受。

科學家發現，運用意圖可以帶來正面的體驗。以有意識、創意的方式，運用念力、語言和感受，是溫和而有效的方式，可以改變人們在一起談話的情況。

Chapter **7**

轉變 4：溝通，從尊重開始

「內心可以容納多元紛雜的要素。」

——法國作家尚・季洛杜（Jean Giraudoux）

　　一場重要對話的核心在於，我們和別人產生連結。因此，交談的重點不只是說出口的話或大腦裡的思緒，而是內心所抱持的東西。若能全心全意和另一個人暢談，我們會覺得人生更有意義，也更有活力。

　　然而，要在人生的關鍵時刻和別人談一談，恐怕很難以啟齒。當你說出內心深處的渴望，偏偏這些渴望並非對方想要的東西，你可能感到脆弱，有股赤裸裸的不安。此外，即使和最親近的人交談，有時也覺得雙方說著不同的語言。

　　任何對話的核心都在於產生連結。在我們主動和他人溝通之前，首先必須認識和接納自己。一旦花時間去發現內心的旋律，對話就變成了和諧的相遇。接著，便可以開始對話，保持沉著冷靜，而不是被「觸發情緒」，結束對話。

要過好人生，拓展對話的能力極為重要。不論是職場或生活上，如果感到掙扎，覺得必須踏入不同的領域，在前往新領域之前，都必須先放下舊有的一切。**有時，要向前邁進，更需要一段重要對話**，以擺脫早已過時的諾言。本章旨在藉由和某人交心深談，打造全新的自我。

「我該怎麼談，才能做自己，又尊重對方？」

近三十年來，妳一直是忠實可靠的妻子，同時全心投入親職達二十餘年。妳這幾年一直覺得自己只是「渾渾噩噩過日子」，不再從照顧家人的角色中獲得滿足。妳的內心不停迴盪著一句話：「那我呢？」同時察覺到，人生除了優先滿足其他人的需求，還有更多的可能。妳一心想找一份新職業，但妳知道家人，尤其是丈夫，只想一切照舊。妳試著找他談過，但那次談話一直鬼打牆。妳愈來愈焦躁，對生活不滿，內心空虛。妳想照自己的心意去做，卻害怕若是這麼做，別人會覺得遭到背叛。

維塔必須應付這項挑戰。

我們會面時，維塔說的第一句話是「我不想這樣。」我問她這是什麼意思，她說：「我只是不希望人生走到這一步，我甚至不想待在英國。我感覺好像在原地踏步，對生活不再感到

滿足。」

維塔覺得自己正面臨重大關卡，萌生逃離的念頭。「但我不能就這樣一走了之。」她悄悄聲說，淚水在眼眶中打轉。「我得跟丈夫和孩子們談談，可是我不知道要怎麼說出內心真正的想法。情況很棘手，我不曉得該如何主動跟他們溝通，讓他們了解我的心意。」

維塔年近 50，個性務實又富有才智。從她容光煥發的膚色和強壯結實的身材可以看出，她熱愛戶外生活。她出生於英國，父母是西班牙人，過去二十五年來住在南安普敦（Southampton）的郊區。維塔把滿腔的創意傾注在園藝上，靠這個嗜好賺一些錢，因此她在經濟上不必完全仰賴丈夫。他們育有一子一女，皆已 20 出頭，均已離家，但經常回家探望他們。

維塔在 19 歲時，認識了比她大 10 歲的艾力克斯。那時她跟男友分手，非常傷心，艾力克斯猶如安穩的港口，始終陪在她身旁。她確信他會保護她，好好照顧她。認識三年後，兩人結婚了。雙方都喜愛在山間漫步，看起來有甜蜜的未來。

但日子久了以後，維塔發現自己懷念起前一段戀情中的激情。雪上加霜的是，大約一年前，維塔偶然認識了一個男人，覺得對方是真正的靈魂伴侶。「他讓我驚喜不已。」維塔說出心裡話，「他打開我的眼界，讓我看到全新的生活，而且充滿令人期待的可能。」

這場邂逅重新點燃了維塔對「重新綠化地球」的畢生熱

情，兩人討論合夥做生意，在世界各地遭砍伐的地區種樹。她深受他吸引，而且極想開創人生的志業，差點就要拋下婚姻和家庭。「但我覺得要忠誠，這才懸崖勒馬。」她說，「我不能就這樣一走了之，這麼做太極端了。」

維塔不但沒有把出軌當成「不可告人的祕密」，反而還告訴了艾力克斯。他非常難過，食不下嚥，體重大幅減輕，而且睡不著覺。艾力克斯的態度非常明確：他不希望維塔離開，所以維塔配合他的意願，決定留下來，設法找出解決之道。維塔和艾力克斯偶爾會爭吵，大多是因雞毛蒜皮的事情而起，吵過以後，生活又回到「僵局」。

維塔結束新戀情之後過了一年，她不僅變得沮喪，還覺得憤恨，彷彿被困住了。她只要表示很想去做點什麼事，艾力克斯就反對，還懷疑她的動機。他堅持只要他還在當牙醫，孩子會定期回家探訪，她就必須「操持家務」。

「我的心已經不在了……」維塔坦承，「我想和艾力克斯談談，但每次談話都只是在繞圈子。我開始覺得除了留張紙條、直接消失以外，沒有別的法子了。」她知道自己若被逼到絕境，會做出衝動的事。

「我該怎麼跟他談，才能回歸自由，做自己，同時尊重我的家人？」

我和維塔針對這個問題一起找出了答案，記錄如下。

跟別人溝通之前,先跟「情緒」溝通

進行重要的對話前,有時得先面對自身的情緒。要是對方故意挑釁,而我們用氣憤、害怕或羞恥以對,這的確會妨礙雙方交談。情緒爆發好比致命毒素,可以瞬間扼殺對話。

當我與維塔會面時,顯然她每次試著找艾力克斯談,都會產生強烈的負面情緒。

「我實在很挫折。」她坦承,「有時我的情緒就爆炸了。」

維塔形容艾力克斯這個人固執己見、頤指氣使,有時更相當傲慢。

「他很愛站在道德制高點上。」維塔表示,「對他來說,事情非黑即白,一定要分出對錯好壞,沒有中間地帶。」

維塔還說,每次她設法找艾力克斯認真談未來的事,他就不高興、甚至動怒,她只好住嘴。

「我無法跟他談,但我又不想一聲不響就離開。我該怎麼辦?」

我在幾次談話中發現,維塔把大部分注意力放在**艾力克斯**身上:他的個性、做過的事、說過的話。我要求維塔做完「找出情緒觸發點:讓對話不再失控」練習(見第三部分,練習⑩),好讓她轉而注意**自己**在對話中扮演的角色。我覺得這項練習可以幫助維塔了解自己的情緒觸發點,繼而在跟艾力克斯交談時,找出因應的策略,更有效地管理情緒。她的情緒反應

愈少，就愈可能跟艾力克斯進行富有成效的談話。

做完這項練習，維塔才總算直面並坦露目前承受的各種負面情緒。而指出內心的感受，能幫助維塔認清事實：她是如何允許自己的「情緒被綁架」。維塔指出以下幾種情緒，以及各自的觸發點：

- 「聽到艾力克斯說，他不想跟我的父母一起過聖誕節，但我一直都有跟他的父母過聖誕節，我就覺得鬱悶。」
- 「每次艾力克斯叫我在他生日那天修剪樹籬，我就覺得壓力很大。」
- 「每當艾力克斯要我一起上床休息，但我還不打算睡時，就覺得很煩。」
- 「聽到艾力克斯說他不喜歡我在週六晚上跳舞的樣子，我就覺得很生氣。」
- 「每次艾力克斯不理會我的煩惱，只會說：『開心一點！看看妳擁有的一切！』我就覺得火大。」

我們探究對她而言最難控制的情緒，維塔說是氣憤。

「是什麼事讓妳生氣？」我問道。

維塔很快回答：「我認為艾力克斯應該聽我訴說煩惱，不要一副無關緊要的樣子。」

我對維塔說，她之所以生氣，是她**認為**艾力克斯應該有不

同的表現方式。

　　「拋開『艾力克斯讓妳生氣』的想法，可以幫助妳掌控對話。」我說道，「是**妳**讓自己生氣的。妳認為事情應該是另一種面貌才對，妳是因為反對現狀才生氣，不是因為艾力克斯。」

　　維塔露出思索的表情：「妳的意思是，他挑戰我的底線時，我不必有這種反應？」

　　「沒錯。」我說道，「如果妳能找到平復心情的方法，就會發現妳能夠選擇如何回應。爆發怒氣不是唯一的選項。」

　　我們接下來轉而討論，維塔可運用哪些應對策略，用不同的方式回應艾力克斯。

如何處理對話中，產生的情緒？

　　一旦承認自己有負面的情緒反應，就已經朝重要對話邁進一步。而指出情緒，並看到各種情緒的本質，能使我們免於情緒內耗。若能從氣憤、恐懼或嫉妒等情緒中抽離出來，就能用更尊重的態度和他人交流。

　　為了在談話中控制好情緒，預先想出幾招策略會有所幫助。畢竟，人在說話時要應付很多情況，所以很難好好進行情緒管理。

　　我和維塔一起檢視她的情緒觸發點，討論她該如何建立早

期警示系統，促使她做出不同的選擇，而非大發脾氣。透過辨識身體信號，諸如胸口緊緊的、臉發紅、體溫上升等，維塔就能意識到自己開始生氣了。察覺到身體的情報很簡單，卻能幫助我們實際改變互動的方式。

我和維塔接著想出了三種應對策略，她可以採用這些策略，重新控制情緒，再**選擇**接下來要說或做什麼，這三種策略如下：

- **深呼吸幾次**。她得盡量深呼吸，而非衝口而出，這樣就可以爭取關鍵的幾秒鐘來整理思緒。
- **陳述不同的意見，不要小題大作**。維塔發現她只須簡單明瞭地說：「我不同意」或「我看事情的角度跟你不一樣」，無須進一步強調她的觀點。
- **表明她的感受**。維塔可以用幾個字，來傳達她當下的感受，像是：「我開始覺得惱怒。」別等到情緒快失控時才說。

我建議維塔先在「風險較低」的對話中，試著運用這些策略，看看是否管用。她在下一次的輔導課程中表示，她在跟鄰居談話很激動時，這些策略幫助她保持冷靜。

「我現在知道，**我**很容易被誘發的情緒是憤怒。我願意承擔。」維塔沉思道，又加上一句：「學會管理自身情緒，表示

我現在更加尊重自己。」

而能對自己的情緒與行為負責、據此調整應對方式，意謂著維塔在重要對話那一刻到來時，會準備得更充分，有能力跟艾力克斯談。當我們努力「清理」內心的情緒反應，氣氛就會更順暢，也就更能自在地交談。

內心深處，你真正想要的是什麼？

感到情緒十分混亂時，很容易搞不清自己是誰，也不知道自己想要什麼。我們真摯的渴望被蒙蔽，猶如太陽被烏雲遮蔽。有時，我們會覺得只剩下「逃離」這個選項而已。因此，先度過內心的騷動，重新與自身連結，才能夠展開改變人生的對話。

維塔承認，她一直忙於慈善活動、參加課程和跟朋友見面，避免去想重要對話的事。一想到要和艾力克斯說她打算離開，對方會生氣和難過，她就感到焦慮。

「所有的事都在我腦子裡快速打轉。」維塔說，「我早該在一年前就順從自己的心意離去。我想和艾力克斯談談，但我真的很迷茫，不知道該說什麼。」

我覺得維塔若能認清自己的感受，會有幫助。儘管負面**情緒**可以打斷對話，感受卻可以促進對話。察覺兩者之間的差異，就能夠對自己與對方抱持更多敬意，從而好好溝通。我告

訴維塔，兩者主要的差別在於：

- 情緒通常在身體上有明顯的表現，而感受大多不是源自於身體。感受可能源自於身體以外的事物，是對於某事的內在認知，或出乎意料地靈光乍現。
- 情緒是一種「流動的能量」，通常既強烈又令人激動。它控制住你，而假如沒有做好內在的功課，有可能讓人驚慌失措。另一方面，感受使你更深入了解自己。感受會比情緒持續更久，而情緒可能突然爆發，然後一會兒就消失。
- 情緒通常是你對不理解的事物的反應。例如，有個人恫嚇你，即使不會直接威脅你的身心健康，你仍然感到害怕。反之，感受是更高層次的理解，是你的心悄悄對你說話。例如，你可能「知道」剛剛認識的人，會在你的人生中扮演重要的角色。

感受既隱約又微妙，可能不易察覺，有時甚至難以承認它的存在。因此，得先排除令人分心的事物，才能與感受連結起來。正是在這種靜默中，內心會傾吐祕密。我建議維塔騰出半小時，針對下列三個問題寫出答案：

- 我不想要什麼？

- 我想要什麼？
- 是什麼阻止我去追求？

在下次的輔導課程時，維塔說她很難回答這些問題。我能感覺到她的沉重，猶如風暴來臨前的空氣。維塔說她曾嘗試回答這些問題，但什麼都想不到。

我察覺到她的苦惱，便說：「維塔，妳有權利追求快樂。不管妳有沒有丈夫，有沒有事業。」

維塔看著我，幾滴眼淚沿著臉頰靜悄而緩慢地流下。那次課程剩餘的時間，我們幾乎沒有說什麼話，只是坐在一起。我握住她的手，她一面呼吸，一面感受自我重生的疼痛。

幾次輔導課程之後，我看得出維塔身上出現了真正的變化。她雙眼炯炯有神，雙頰緋紅，聲音宏亮。她跟我說自己前一天走了很長的路，回家後寫了些日記。她已經確定自己**不想**要什麼：

- 「過著無意義的人生，而且是別人**替我**決定、而非**自己做主**的人生。」
- 「覺得被承諾綁住，而不是自己選擇的。」

接著維塔能夠清楚說出她**確實**想要什麼：

- 「自由地生活，從事熱愛的園藝工作。」
- 「走我該走的路，成為真正的自己。」

維塔和我接著探究，是什麼讓她裹足不前。

「經過三十年的婚姻，真的很難離開。」維塔沉思道，「我不想背叛艾力克斯，但現在我明白，我留下來是在背叛自己。我需要找個方式跟他談，這樣我就能在保有自身完整的情況下離去，而不是一走了之。」

「我不希望被說服留在婚姻裡，我覺得我已經被枷鎖拴住很多年，是時候讓自己自由了。」

現在維塔感覺自己沉著冷靜，準備好用不卑不亢的態度，主動找艾力克斯談。一旦我們與自己的心相連，就能和別人更自在地交談。

想要好好溝通？掌握對話的四種語言

培養沉著冷靜的態度，可以對重要對話產生很大的影響。在某些情況下，這表示我們能留下來參與對話，而不是收拾東西就離開。

「我覺得被困住，因為我認為自己想要說的話太傷人了。」維塔對我說，「所以我到頭來，只是不停在想這件事。」

要展開重要對話，經常需要「改變談話風格」，並以不同

的方式理解對方的感受。我告訴維塔，我發現「對話的語言」分成四種，每一種語言創造出不同的連結（見表6）。理想的情況是，我們能夠視情況，隨心所欲運用這四種語言來表達自己。但實際上，許多人並不具備這樣的能力，也因此，重要的對話可能談不下去。而認識這四種語言，有助於和他人互相了解心意。

為了幫助維塔準備好與艾力克斯談話，我建議她完成「判斷對話風格：讓溝通更有效」練習（見第三部分，練習⑪）。這項練習會幫助她找出自己通常使用哪種語言，以及最可能忽略哪種語言，促使她用新方式跟艾力克斯溝通。

表6：對話的四種語言	
頭腦的語言	**心靈的語言**
透過以下方式與他人溝通： • 分享自己的想法和意見。 • 找出話裡的含義。 • 彙整不同的想法。 • 理解關鍵的問題。	透過以下方式與他人溝通： • 表達感受。 • 給對方溫暖的感覺。 • 願意敞開心胸。 • 展現對旁人的關心。
手的語言	**視野的語言**
透過以下方式與他人溝通： • 提供務實可行的建議。 • 處理細節。 • 注意可以完成的事情。 • 考慮目前情況。	透過以下方式與他人溝通： • 發揮想像力。 • 放眼大局。 • 思考未來的可能性。 • 注意重複的模式和直覺。

維塔發現自己偏愛運用**頭腦**的語言。她分享自己的想法、觀點和辦法時，覺得最自在。但這種傾向也表示，她有時會為了要說的事情「想太多」，而不是放膽說出來。維塔有時也運用**手**的語言，因為她喜愛討論實際狀況，以及此時此地正在發生的事。

　　維塔說自己最不可能採用**心靈**的語言，她盡量避免表達感受、展現溫暖、說出對他人的關切。「艾力克斯跟我說過，他有時覺得我愛批評，不太留情面。」維塔告訴我。

　　然而，一旦缺乏心靈的語言，進行重要對話時，可能讓人覺得冷淡、太多算計、不夠完整。除非我們說出內心的感受，否則很難建立起必要的連結感。

　　維塔表示，她覺得說出內心的感受是一大挑戰。「我害怕說出我的感受，因為我想說的話，可能會讓艾力克斯覺得難受。」她停頓了一下，「我還在努力擺脫這個模式。」

　　我明白維塔顧慮艾力克斯的感受，不願傷害他。但我也覺得，**她若能**設法說出心裡話，至少是站在完全坦誠的立場和他溝通。

　　「如果傳送訊息的方式，比接收訊息的方式更重要呢？」我問道，「艾力克斯有何感受、會怎麼回應，都不是妳的責任。妳能夠做的，就是盡可能考慮對方的感受，說出必須說的話。」

　　在那次輔導課程，維塔接下來的時間都在認真思考。我們

仔細討論她該如何用真摯的方式，和艾力克斯溝通。

- **說出她的感受**。要展開對話，她不妨這麼說：「這些年來我們似乎漸行漸遠，我覺得難過。」或者這麼說：「我對我的人生很不滿意，我沒辦法抱著這種心情過下去。」
- **她擔心對艾力克斯帶來衝擊，大可直接說出來**。要展現同理心，她不妨這麼說：「我們最好談談，如果你一個人住在家裡，會需要什麼支援。」
- **給艾力克斯表達的機會**。即使他的反應讓她覺得不快，維塔仍可以對他可能出現的感覺表達理解。比如這麼說：「我想這件事也讓你難過，你心情還好嗎？可以繼續談嗎？」

維塔表示：「我現在明白，我一直沒有對艾力克斯說出我的感受。我通常不太說出心中的感受，但現在我已經想好要說什麼。我想我辦得到。」

我告訴維塔，根據我的經驗，若發現所有辦法都不管用，幾句真心話往往能夠搭起溝通的橋梁。

用對語言，對方才「聽得懂」

　　人和人產生連結的方式，都是獨一無二的，也因此交談既是挑戰，也能帶來喜悅。每個人天生具有獨特的行為模式，不過的確有一些模式，可以幫助雙方更順暢地展開重要對話。若我們體察到**對方**偏好用哪種語言交談，一定能夠用對方聽得懂的方式跟他們溝通。

　　維塔對我提過，她認為自己和艾力克斯「用不同的語言說話」，接著表示他最喜歡用著重未來的「**視野**的語言」溝通。這意謂著，有時維塔會覺得跟他交談倍感壓力，因為她傾向聚焦於實際層面，運用**手**的語言。

　　既然艾力克斯喜歡從大局著眼，我和維塔討論該如何跟他「一起」討論大局。我請她設想兩人日後若維持夫妻關係，可能會出現哪幾種情境。我覺得這麼做對艾力克斯會有幫助，讓維塔仔細描述每種情境帶給她的感受，向他證明她已經逐一思考過這幾種選項：

- **待在家裡**：繼續住在同一個屋簷下，一起做慈善事業，冬天時找時間去海外度假。「這麼做讓我覺得鬱悶，儘管對艾力克斯和子女來說，是比較顧全大局的做法。」維塔說道。
- **留在英國**：與艾力克斯分居，搬出去找地方自己一個人

住、找份工作。「這樣的未來讓我覺得心頭沉重。」維塔說,「不過,我就不會因為離孩子太遠而有罪惡感。」

- **在國外工作**:與艾力克斯分居,搬到氣候溫暖的地方、找份工作養活自己。「這讓我感到既害怕又興奮。」維塔說,「但我知道,這是我心之所向。」

「思考這幾種不同的情境,真的幫助很大。」維塔深思道,「我通常不會用這些字眼說話,但這也不是一般的談話。」

設法用艾力克斯聽得懂的用詞,來陳述她必須說的話,維塔離這場重要的對話又更進了一步。

對方要是生氣、拒絕溝通,該怎麼辦?

人之所以想到重要的對話就忐忑不安,原因之一是,我們無從控制對話的進展。就算做足功課,安定好身心,設法用對方慣用的語言來溝通,但對方要是生氣、惱怒或拒絕溝通,該怎麼辦?正因為重要對話能改變我們**和**周遭人的生活,所以很可能會造成混亂局面。

人們面臨阻礙時,通常會有兩種反應:退縮或正面迎擊。然而,用更負面的反應來因應負面能量,會讓互動的「調性」不利於交談。

維塔思考後,發現她和艾力克斯陷入了互相指責的模式,

很難跳脫出來。

「我們經常互相指責。」維塔表示,「而且很愛批評和挑對方的毛病。」

我建議維塔做完「掌握調性:營造對話氛圍」練習(見第三部分,練習⑫),以檢視她跟艾力克斯說話時,是傳送「正面」還是「負面」的能量:

- **正面能量**源自於表達讚美、興趣和好奇心等特質。
- **負面能量**源自於輕蔑、鄙視、反對等態度。

我和維塔檢視了她溝通時,正面和負面能量是否達成平衡,卻發現她和艾力克斯說話的態度嚴重偏向負面。但這樣更加不可能帶來改變人生的對話,我很想幫助維塔改變她的說話調性。

我請維塔設法找出,她能夠給艾力克斯傳達哪些正面的訊息。同時建議她告訴我,對於丈夫、雙方的關係與目前的狀況,有哪些真心**感激之處**。表 7 列出她想到的答案。

這麼做不是要討好對方,也不是為了讓事情順利而做違心之論,而是改變對話的調性。一旦氣氛因批評、輕蔑、憤世嫉俗而凝結,便無從進行任何對話。相反的,若用真摯的讚美言語沖淡負面訊息,雙方有再大的鴻溝也能展開對話。

表 7：改變維塔的溝通調性	
負面： 維塔通常這麼說	**正面：** 維塔可以這麼說
• 「別老愛控制人！」 • 「我覺得你很固執己見。」 • 「你一天到晚念我花太多時間在電腦上。」 • 「別煩我！」 • 「我討厭你告訴我怎麼做。」	• 「二十多年來，你讓我和家人衣食無缺。」 • 「你是很棒的父親，一直都那麼支持孩子。」 • 「我很感謝你過去一年所做的改變，像是買花給我、說貼心的話。」 • 「你很擅長處理好事情。」 • 「我覺得目前的情況很難熬。但是正因如此，我更加意識到，內心深處有多渴望其他事物。」 • 「我希望我們倆找到溝通的方式。因為我真的關心你和孩子，也希望大家都有好的結果。」

　　接著，我和維塔討論了艾力克斯在兩人進行重要對話時，可能會**對她**講出哪些極其傷人、難聽或難以回應的話。藉由預想對方的反對論點，我們就更可能妥善回應。我請維塔想出幾句她能說出的最友善的話來回應。後文的表 8 列出她寫下的話。

表 8：維塔的預想與回應練習	
艾力克斯可能會對維塔說：	維塔可以這麼回應：
• 「我應付不來。」 • 「妳離開不是個好主意，妳很容易遭受打擊。」 • 「妳應該留下來，做個賢內助，因為我還有工作要做。我一直都在經濟上支持妳，妳為什麼不肯支持我？」	• 「我很抱歉我說的話讓你有那種感受，但是我的感受並不會改變。」 • 「我知道這讓你不高興，但我必須這麼做。我得離開這裡，做我自己。」 • 「我走了以後可能會主動回來看你們，這樣比較好。要是我勉強留下來，絕對不可能快樂地一起生活。」

　　「這件事很難。」維塔重新思考可能的回應後說：「但我現在的確比較有信心，進行重要的對話。」

　　維塔讓自己冷靜下來，從容面對艾力克斯的抗拒，而非採取敵對立場。畢竟，刺耳的話不只會扼殺對話，也會撕裂關係。我們要向內探求，用愛與慈悲的態度說話，這樣會大幅改善交談的品質。

用心傾聽，真誠對話，你會發現……

　　每一場對話都有它自身的節奏，其脈動來自於坦誠說話，用開放的心聆聽對方要說的話。到頭來，重要的對話並非在於我們**達成**什麼，而是在於**領受**了什麼。人生的美好源自於彼此

互相的關係，而不是都是「我、我、我」。

　　聽別人說話很耗心力，有時更會發現自己在「放空」，雙眼無神。對方說的話可能傷害了我們。然而，只要始終保持真誠，就不會介意受傷與否。因為明白，縱使別人說我們背叛，責怪我們撒謊，認定我們自私，有一部分的我們是不會受傷的。就算可能需要用盡每一分力量，讓自己留下來傾聽，但正是這種深度的接納心態，才能翻轉困境。

　　進行重要對話時，必須自我覺察，才會注意到自己什麼時候，開始失去專注力。還有，細心體察對方的情緒，注意另一方臉上是否閃過氣憤、厭惡或羞恥的神情，這會有所幫助。我和維塔仔細討論，她與艾力克斯進行重要對話時，要怎麼做才能坦誠面對他。我們發現有三件事可以幫助她：

- **端坐不動，不要到處走動**：維塔和艾力克斯說話時，經常坐立不安，來回踱步。而有意識地決定讓身體平靜下來，便能幫助她在心理上安靜下來。
- **在呼吸時，觀照內心**：維塔練習做幾次深呼吸，以擴大胸腔的空間。在她感到肩膀下垂、下顎放鬆時，她逐漸變得平靜，思緒更能集中。
- **保持眼神接觸**：維塔想到每次艾力克斯一生氣或不高興，她就會望向別處。她決定讓眼神柔和一些，一直看著他說話，以示尊重，同時保持交流。

我們討論完她在談話中該怎麼做，才能讓他們了解對方的心意，然後維塔說：「我開始覺得，和艾力克斯談話應該沒問題。」

　　我第一次見到維塔時，她正打算逃離婚姻，但現在她準備好主動溝通。她接受了拖延多時的那件事，並蓄勢待發、要進行重要的對話。

好好傾吐真心話，不再壓抑和遺憾

　　一想到要找個適當時機跟艾力克斯談，維塔就焦慮不安。

　　「我必須停止猶豫不決。」她說，同時提醒自己已經做足準備。

　　維塔等待著子女沒有來訪的週末，那時她和艾力克斯便可獨處。原本維塔想邀艾力克斯出去走走，但想到要有眼神接觸，才能好好地溝通。她認為兩人還是面對面坐著比較好，即使這樣做更令人害怕。

　　週六下午，維塔先去散步一會兒來穩定情緒，看到艾力克斯在書房裡，便問他是否可以談談。她坐下時，覺得惴惴不安，又有點興奮。

　　「我們需要談談。」維塔開口說道，「我這陣子一直覺得非常不安又難過。」

　　維塔沒忘記直視艾力克斯的雙眼，盡量用溫和的口吻說

話。過了一會兒，她對他傾吐真心話。

「我愛你，但我對你失去愛情了。」她說，「我珍惜你的友誼，但已經沒有熱情的關係。」

維塔暫時沉默，讓艾力克斯消化這幾句話。他停頓良久，然後開口了。

「但結婚二十年以後，就會變成這樣。」他說，「妳和我已經邁入成熟的關係。」

對話進行了一陣子，艾力克斯變得心煩意亂，維塔盡最大努力保持冷靜。她先承認這場對話一定讓他很痛苦，因為維塔預料到艾力克斯會抗拒，所以她先想好回應的話，心情就比較輕鬆。她在適當時候，感謝艾力克斯陪她度過許多美好時光，還說他是非常棒的父親。

維塔深呼吸，重申她想從這個過時的責任中脫身。艾力克斯提出異議，但她只是傾聽，沒有打斷他，也沒有生氣或起身離開。

艾力克斯逐漸平靜下來，向維塔坦承他也在婚姻裡犯過錯，又說他願意做出改變。此時維塔明確表示她想開創新的人生。她主動提議由她告知子女，因為她不再害怕跟他們談論此事。兩人談話接近尾聲時，艾力克斯同意談分居，但也希望能慢慢來，小心處理。前方道路未明，維塔覺得悲傷，但也因為自己向自由跨出了一步，而感到輕鬆與無比的喜悅。她談完了重要的對話。

重點整理

　　只要全心全意和另一個人溝通，就可能開啟一段重要的對話。若能用尊重的態度主動溝通，這場對話會帶領我們展開全新的冒險。以下訣竅有助於推動對話：

一、**了解你的情緒觸發點**。更加察覺是什麼原因，會惹惱你，指出會讓你失控的惱人情緒。這麼一來，你就有 6 秒的空檔，會比較放鬆，不會急著回應。

二、**提高反應能力**。找出幾項因應的策略，設法管控難以消化的情緒，例如憤怒、恐懼或嫉妒。嘗試在較低風險的對話中運用這些策略，當作練習，以培養你沉著冷靜的能力。

三、**釐清你想要的東西**。了解自己的感受，花些時間探索內心，明白自己**確實**想要什麼，以及不想要什麼。問問自己，是什麼阻礙你展開新的人生，還有該怎麼做，才能排除阻礙。

四、**改變談話風格**。了解自己最常用哪種對話的語言，以及最容易忽略哪些語言，設法將欠缺的語言納入對話當中。

五、**用對方的語言說話**。用對方聽得懂的方式表達意見，找出對方最可能有反應的語言，並在對話中運用這種

語言。

六、**化阻力為助力**。預想你可能遇到的阻力，用理解、好奇和同理心沖淡負面訊息。事先想出對方可能說出什麼難以回應的話，思考一下要怎麼回應。

七、**用心傾聽**。培養你的接納能力，注意自己何時開始放空，然後一定要重新參與對話。而有三個方法，可以幫助你專心聽對方要說的話，包含：身體不要亂動、維持眼神接觸，以及在呼吸時觀照內心。

化解情緒危機的對話練習

情緒爆發，例如勃然大怒，恐怕會造成很大的傷害。雖然情緒爆發是一瞬間的事，卻可能帶來長遠的影響。我們在氣頭上說的話、做的事，可能會激發對方的報復心、或避免與我們交談。而學會管理自身情緒，可以改善對話的品質，讓關係好轉。

經科學研究顯示，情緒是化學物質的反應，僅在體內持續 6 秒鐘。若覺得情緒延續很久，也只是因為自己讓情緒持續。例如，覺得受威脅時，會出現「戰鬥或逃跑」的反應，體內會分泌大量壓力荷爾蒙。

所以，讓「思考腦」（新皮質）被「情緒腦」（杏仁核）

綁架後，可以重新發揮作用，是很重要的對話技巧。約書亞‧費里曼（Joshua Freedman）於 2007 年出版的《領導的核心》（*At the Heart of Leadership*）一書中指出，我們需要創造 6 秒鐘的停頓，來幫助自己保持冷靜，讓對話持續進行，以避免互相叫囂或沉默不語。科學研究顯示，有三件事有幫助：

一、**注意哪個身體部位，感受到情緒**。你的挫折感或焦慮，是出現在胸腔、胃部，還是其他地方？

二、**指出情緒**。你是覺得生氣、不耐煩，還是害怕？辨認出特定情緒，為它貼上標籤，有助於平息情緒。

三、**為自己爭取一些時間**。做幾次深呼吸，數到 10，要求暫停對話，出去走走，喝杯水。

　　上述三個步驟，能讓你有空檔，做出決定。你可以問自己這些問題，來重拾理智：「此時我最好的回應是什麼？」「現在最適合說什麼話？」「我該如何將對話帶往正面的方向？」而能度過情緒綁架的危機，可以改變我們交談的方式。

Chapter **8**

轉變 5：
說出真實心聲，不再委屈自己

「說出你的真實看法，但心平氣和地修飾你的話。」

──沃許

　　要開啟重要的對話，需要我們說出真實看法。然而，這常常讓人感到不自在、彆扭。因為大家害怕掀起風波、引起不愉快或破壞關係，所以避免談論最重要的事情。不過，一旦能意識到，說出真實看法是治療傷痛、或讓生活「起飛」的最快方法，對話就不僅是可行的，而且鼓舞人心。

　　不說出真實看法，是生活中的重大壓力來源之一。因為要是戴著面具，而不是真實地表達自己，就陷入了扮演角色的陷阱中。我們不是做真正的自己，而是假冒成另一種樣子，這讓人感到疲憊、沮喪和絕望。

　　而要透過誠實的對話，讓生活重回正軌，包含了兩個層面。第一是要對自己說實話，這包括意識到，我們可能很難承

認的感受和需求。畢竟，真實看法源於內心深處。但發現自己的真實看法極其重要，可以改變你的人生。

第二是告訴別人，自己的真實看法。即使有難言之隱，表達自己的感受也不一定有強大的殺傷力。說實話本身並不會破壞關係，重要的是表達真實看法**的方式**。重要對話的成敗，取決於我們能在多大程度上清楚、感同身受和完整地表達個人的觀察、思想和感受。

為了自由過上所選的生活，有時需要進行重要對話。無論是與老闆、伴侶，還是家庭成員，要坦誠交談都很難。在揭示真實看法的過程中，擁有一些妙計來幫助我們，可以發揮重要作用。本章旨在裝備你，以說出你的真實看法。

「我該如何說出心聲，又不會毀了關係？」

你已經努力工作多年，卻沒有成就感。你只是過著維持生計，而非享受人生的日子。你對工作和老闆對待你的方式感到厭倦，但你害怕破壞現狀。因為在當前的經濟環境下，很難找到工作，而且你還有家庭需要考慮和供養。你想和老闆談談，但知道這場重要對話，可能會讓自己淪落到要捲鋪蓋走人。在大膽說出真實看法之前，你需要確定這是正確的做法。因此，找到一種溝通方法，可以不妥協自己、也不必放棄心目中的理想，變得迫切起來，因為你再也無法忍受虛度人生的感覺。

提姆深知這種情況是什麼感覺。

提姆是盡職盡責、成功的平面設計師，今年 30 多歲。他在 20 歲出頭時，在倫敦的一家大型設計顧問公司，開始了個人的職業生涯，在那裡他「瘋狂地工作」。七年前，他決定要讓生活過得更平衡，於是搬到科茲窩（Cotswolds），在一家小型設計公司任職。儘管他總是投入大量時間工作，但提姆堅信，「生活中還有比工作更重要的東西」。他父親最近去世，這讓他深刻體會到，享受有意義和充實的生活，是多麼重要。

兩年前，提姆任職的設計公司進行了品牌重塑，他的工作量大大增加，現在常常在晚上 7 點後才離開辦公室。他是一個熱衷於馬拉松的人，喜歡在晚上進行訓練。但如今工時長、來回通勤又要 2 小時，影響到他的健康，提姆感到很不滿。他注意到自己變胖了，原本濃密的波浪金髮也變得更灰白。他的妻子說，他們第一次見面時，他眼中吸引她的那種光芒已經消失了。她希望提姆能花更多時間，陪伴她和他們六個月大的兒子。

提姆喜歡為他的老闆艾莉森盡心盡力，艾莉森把提姆視為她的副手。艾莉森是這家企業的老闆，現在僱用了六名平面設計師。她有很強的職業道德觀念，剛剛生了第二個孩子。艾莉森的丈夫與提姆成了好朋友，她先生也在一杯黃湯下肚後承認，艾莉森在照顧年幼子女和管理公司之間兩頭燒。此外，最近幾個月，員工士氣很低落。提姆把這歸咎於艾莉森期望員工

無償加班，而且她沒有遵守之前的承諾，在聖誕節期間多給員工一天的假，回報他們的辛勤工作。當時，辦公室因大雪襲擊而關閉，後來艾利森就把額外一天的假給扣掉了，打亂員工與家人和朋友相處的計畫。

艾莉森任命提姆為公司總監，這也是公司品牌重塑的一部分。起初，提姆很高興自己的努力和勤奮工作得到認可。當新的名片發下來的時候，看到自己名字旁邊寫著「設計總監」，提姆感到一陣自豪。然而，興奮感逐漸消退。提姆沒有得到加薪，其他平面設計師仍然向艾莉森匯報工作情況，而且在制定業務發展的新策略方面，也沒有徵求提姆的意見。

「我把名片遞給客戶時，」提姆說，「覺得自己像個騙子。」總監的職位似乎只是名義上的。他感到失望、沮喪和被低估了。而他最近也意識到，自己正在考慮重新接受培訓，成為一名運動按摩治療師。這是他自少年時代就有的夢想。

提姆知道他一直在避免和艾莉森說話，他承認說：「光是想到這件事，就讓我很焦慮。」他的妻子麗茲已經受夠了他對這種情況的抱怨和嘆息，但卻不採取任何行動。她抱怨提姆對她哀哀叫，但對艾莉森卻隻字不提。當提姆和麗茲在聖誕節期間，再次因為他沒有說出來而發生爭執時，提姆決定與我聯繫，尋求指導。

「我的腦海中，一直在想著與艾莉森的談話。我覺得自己是個真正的懦夫。但是，我不知道該說什麼，也不曉得如何提

出來。」

　　而且，提姆還有個年輕的家庭要養，他不想一怒之下辭職。「我該如何說出心聲，又不會毀了關係？我不想在工作上自斷後路。」提姆告訴我。以下是我們一步步得出的答案。

把難以討論的事，變成可討論的話題

　　重要對話始於對自己說實話，這包括誠實面對一直迴避的對話。聽起來有點矛盾，但更去注意目前不願討論的問題，其實有助於產生交談的動力。也就是說，仔細檢視「難以討論之事」，反而能讓重要對話浮出檯面，並得以公開討論。

　　畢竟，如果忽視不管，困難或敏感的話題不會消失，反而會加劇，像一股臭味般，讓人感到不舒服，甚至能感覺到它們在空氣中揮之不去。所以，辨識出這種不安是很重要的。話說回來，打開天窗說亮話時，難免有些波折。但試圖消滅不安並不是解方，而是能承擔發生的一切。然而，我們可以做一些事情，讓自己更容易度過紛紛擾擾。

　　為了開始行動起來，我請提姆完成「談論棘手話題：順利說出心裡話」練習（見第三部分，練習⑬和後文的表9）。找出「棘手問題」，像是那些大家都知道，但沒人願意談論的話題，有助於找出對話的方式。畢竟，把難以討論之事變成可討論的話題，需要仔細思考。

表 9：提姆的棘手話題		
	可討論的	不可討論的
自在的	• 為客戶提供設計意見。 • 客戶關係。	• 讓公司成長的方法。 • 提高自己的表現。 • 我對擔任總監一職感到挫敗。
不自在的	• 要求休假。 • 哪些項目算是公司費用。	• 艾莉森對工作時間的期望。 • 我正在考慮可能要轉換職業跑道。

提姆找出他認為是不能與艾莉森討論的禁忌話題。我們區分了他可以安心討論的內容，和他不願意討論的內容。由於真實看法往往存在於難以討論和覺得彆扭的事情中，所以我和提姆把注意力集中在這裡。我們依次討論了每個主題，並探討「如何才能使這個話題變成可討論的話題，即使有些彆扭」？

在仔細審視每一個難以討論之事時，提姆不敢與艾莉森交談的退縮態度，開始發生轉變。他意識到，自己對「公平」有很強烈的價值觀。他覺得艾莉森強勢地要求長時間工作，違反了他的公平觀。當提姆發現，自己沒有吭聲並不符合他對公平待遇的信念時，便更有決心——不僅是為了自己，也是為了其他人，展開對話。

然而，重要的「體悟」在稍後出現。「我現在明白，我不

必試圖在一次談話中，解決所有問題。」提姆突然說道，「這讓我感到輕鬆多了。」

提姆意識到自己能夠在一連串的對話中，一次提出一個問題，這讓他不再執著要「不惜代價維持和平」。他離與艾莉森進行重要對話的目標又近了一步。

你看到的是事實，還是想法？

正如前文所見，重要對話始於向自己說實話。這句話簡單明瞭、說起來很容易，但如果希望「實話」成為有效力量、助我們一臂之力，意謂著要付出極大的努力。

在能夠與他人充分溝通之前，需要了解自己的真實看法。但找到真實看法，並不是要找到真相。哲學家和神學家花了幾個世紀，來思考和撰寫普世真相。但我們在這裡處理的，是個人的真實看法，也就是此時此地，自己對於所謂「適當」和「積極向上」的看法。在對話中沒有絕對的真相，只有不同的看法。我們愈清楚地了解自己對情況的想法，就愈能向別人說出真實看法。

而日常觀察、想法與感受等三大類「資料」，都會儲存在我們的「個人資料庫」中，形塑成看法。要是不顧自己的觀察、想法與感受，少了任何一種，都會讓「真實看法」變得模糊。例如，如果忽視了自己感到沮喪，就會扭曲對情況的看

法。我們可能會試圖說服自己，一切都沒事的，但精力卻在流失，並失去活力。一旦壓抑內在的感受，就會阻止重要對話的進行。

為了找到真實看法，把觀察、想法和感受分開，是有幫助的，就像將原油提煉成多種不同的物質一樣。透過區分觀察、想法和感受，可以更好地梳理出真實情況。

我第一次見到提姆時，他不確定自己對工作情況的看法。為了幫助提姆了解他的真實看法，我請他建立一個「真實看法清單」（參見表 10）。他首先指出自己**觀察到的情況**。這些是當前的事實，可以客觀地記錄下來。記住，做出觀察不是要闡述**想像**中的情況，而是指出「事實」。而記錄下觀察結果，有助於面對實況。

接下來，我要提姆寫下他的**想法**。這是因為，觀察是「原始資料」，而想法是「分析過的資料」。到頭來，想法只不過是心理構念，是我們編造出來的想法，包括了判斷、解釋和評估。而把想法與觀察結果區分開來，有助於揭露我們告訴自己的虛構之事。我向提姆提出質疑，以下是他的觀點，而不是客觀觀察：

- 「我不能勝任總監的角色。」
- 「我不清楚我的職責劃分。」
- 「我認為艾莉森改變主意，不想讓我當總監了。」

表 10：提姆的真實看法清單	
觀察到的情況	**想法**
• 兩年前成為設計總監。 • 擔任總監卻沒有加薪。 • 最近兩年沒有績效考核。 • 監督客戶關係增加了我的工作量。 • 經常加班到晚上 7 點後，而合約規定的工作時間是到下午 5 點半。	• 我不能勝任總監的角色。 • 我不清楚我的職責劃分。 • 我認為艾莉森改變主意，不想讓我當總監了。 • 我是完美主義者，其他團隊成員卻不像我那麼認真。 • 我為這家公司的成功，發揮了重要作用。

等到提姆承認這些是他的心理構念，而不是「事實」的陳述時，他的觀點開始轉變。

「也許我腦子裡一直在想，我不擅長當總監。」提姆反思道，「實際上，我已經兩年沒有做過績效評估了。我開始懷疑自己。但也許那是我的看法，而不是艾莉森的。」

一旦能從做出判斷，轉變為分享觀察結果，就比較不會受困於自己對所發生事情的狹隘觀點，而是愈來愈了解內心的真實看法。因為溝通困難有時源於，混淆了我們認為的情況與「事實」，而區分這兩者有助於在談話時，保持溝通管道的暢通。

善用非暴力溝通，準備表達感受

顯露真實看法的重點，是傾聽我們的**感受**。這是大家最有可能忽略的資訊，但也是資訊量最大的。對很多人來說，所謂的「真諦」，是從內在深處湧現、超出意識範圍的。話說回來，即使起源不明確，但我們仍然能夠感受得到某些事情。因此，如果要說出真實看法，重新連結上自己的感官是極為重要的。

承認自己的感受聽起來很簡單，但並不容易，因為人常常把想法誤認成感受。而清楚了解自身感受和想法，有助於更充分地了解自己的真實看法。一旦我們知道自己的真實情況，就能更輕鬆地與他人分享。

我請提姆寫下，他從工作情況體驗到的所有不同感受。而他與我分享他的筆記時，我注意到有些根本不是真正的感受。雖然**看起來**像是感受，但卻是偽裝成感受的想法。例如：

- 「我覺得我沒有得到艾莉森的賞識。」
- 「我認為自己很失敗。」

這些是提姆對情況的判斷，而非表達他的實際感受。正如馬歇爾・盧森堡（Marshall Rosenberg）在《非暴力溝通》（*Non-violent Communication*）中指出，當「我覺得」後面加上「⋯⋯

那件事」或「像」之類的詞語時，這是想法，而不是感受。

提姆還寫了以下的句子：

- 「我覺得艾莉森對我不公平。」
- 「我認為說什麼都沒用。」

同樣的，這是提姆在評估情況，而不是表達他的感受。「我覺得」之後的「她」或其他代名詞是很好的指標，顯示我們在表達看法。單純因為一個句子以「我覺得……」開頭，並不表示在描述真實的感受。

為了幫助提姆發現真實感受，我建議他完成「畫出情緒輪狀圖：誠實表達自己」練習（見第三部分，練習⑭）。練習中的輪狀圖是一個示意圖，可以用來確定我們的感受。人內心的感受有很多細微的差別，先弄清楚正在經歷六種核心感受中的哪一種，會有所幫助。我們可能會覺得：

- 快樂。
- 悲傷。
- 憤怒。
- 嫉妒。
- 羞愧。
- 恐懼。

一旦對於自己所處的廣闊情感領域有了清楚的認識，就可以進一步詳細描述。事實上，感受有許多不同的層次，而且一次可以體驗不只一種感受。

　　準確表達感受有助於對話。畢竟，說「我對……很憤怒」與「我對……有點生氣」，兩者傳達的訊息是截然不同的。而愈具體地描述自己的感受，就愈能夠真實地表達自我。

　　透過「畫出情緒輪狀圖：誠實表達自己」練習中的示意圖，提姆意識到，他感到悲傷、憤怒和恐懼。依次對這些感覺進行分析後，他更具體地明白到：

- 「艾莉森要求我以無休止的速度工作，這讓我感到沮喪。」
- 「我很失望，設計總監的職位現在看起來毫無意義。」
- 「我對未來的事業和養家糊口感到焦慮。」

　　「知道自己的感受，讓我鬆了一口氣。」提姆說，「我完全不知道表面下有這些感覺在醞釀。」其實，很多人在對自己坦白真實看法時，會忘了要釐清感受。但這種自我誠實是重要對話的關鍵。

用 R.A.N.T 練習，釐清真正的需求

在能坦然面對自己的真實看法後，就該誠實面對另一方的真實看法了。話說回來，在展開重要對話之前，先私下練習、講出個人的想法和感受，能讓我們更明白自己真正想要傳達的是什麼。如果事先做好這項工作，就不太可能在談話中走偏，也不至於說出以後可能會後悔的話。

充分、真實和負責任地表達自己是一門藝術。有時，當我們大聲說出某些話時，感覺就不再真實了。例如，對某人大喊大叫，並釋放壓抑的憤怒後，我們原本感受到的憤怒可能會消失。在激動的情緒之下，甚至有一些我們以前沒有意識到的正面感受。所以，誠實地對待自己對另一個人的感受，這樣在表達自我時，內心的看法說不定會發生變化。

為了幫助提姆誠實面對他對艾莉森的真實看法，我鼓勵他完成「R.A.N.T 練習：建立實質溝通」（見第三部分，練習⑮）。提姆表達了他對艾莉森的怨恨（Resented）、感謝（Appreciated）和需要（Needed）。一旦他弄清楚這些事情，就更容易梳理出真實看法（Truth）。

提姆寫下了他對艾莉森的感受，就好像直接對她說話一樣。他使用了「我因為……怨恨妳」、「我因為……感謝妳」和「我需要妳……」這樣的句子，以帶來直接、誠實和即時的感覺，而這些話在其他情況下可能不會出現。

正如布拉德・布蘭頓（Brad Blanton）在《激進的誠實》（*Radical Honesty*）中指出，用現在的時態和具體細節來表達我們的感受，意謂著「完整說出當時的真實看法」。雖然布蘭頓建議親自把這些話表達出來，但我的建議是把它們寫下來，大聲說出來，然後看看哪些話聽起來仍然是真的。先向自己表達內心的怨恨、讚賞和需求，有助於減少冒犯對方的風險，同時找出真實看法。

首先，提姆很難說清楚，他為什麼怨恨艾莉森。他的挫敗感顯現在緊閉的嘴唇和痛苦的表情上，但提姆無法了解這種感覺。畢竟，一旦習慣壓抑情緒，要承認感受恐怕很困難。我建議他從了解身體的感覺開始，「我的喉嚨縮緊，」提姆說，「下巴有些緊繃。」

我請提姆回想一些與艾莉森有關的事件，這些事件讓他覺得與身體的緊縮感覺有關。他談到有一次艾莉森去度假，留下另一位同事完成新工作的宣傳。提姆說，他和艾莉森都知道，這位設計師沒有能力照標準完成提案，而且最終會變成提姆自己完成這項工作。

「艾莉森想當然覺得我會把事情處理好。」提姆發洩說，「她利用了我的盡責心，她知道我會全力以赴，確保一切順利。」

我們繼續探索，還有哪些事件，讓提姆很不滿艾利森這樣對待他。我鼓勵他具體說明，是什麼讓他感到憤恨。

然後我們將注意力轉向提姆讚賞艾莉森的地方，他看起來若有所思，「現在我已經把所有事情都說出來，抒發了心中壓力。」提姆說，「我能想到幾件讓我感激的事情。」

最後，我們研究提姆需要從艾莉森那裡得到什麼。通常，人會感到不滿，是因為需求未得到滿足，而指出這些需求可能是一種挑戰。

盧森堡在《非暴力溝通》中寫道：「大多數人從未被教導，要根據需求來思考。」然而，他接著觀察到，「從人們開始談論他們的需求，而不是彼此之間的問題時，找到滿足每個人需求的可能性，就大大增加了。」

提姆花了一些時間思考，他未能滿足的需求。他發現回顧內心的怨恨，並深入探究這些怨恨是有幫助的。「我以前沒有考慮過我的需求。」提姆說，「我一直注意艾莉森做錯的事。現在我明白，我對這種情況負有部分責任，因為我有未說出口的需求。」提姆辨別出他所感受到的不滿、讚賞和需求，如後文的表 11 所示。

承認我們未能滿足的需求，有助於改變感受。雖然怨恨不一定會消失，但確實會變得更容易控制。一旦能正確看待自己的感受，就能看到內心的看法是否已經改變。

R.A.N.T. 練習的最後一部分，是大聲念出寫下的內容。在大聲表達不滿、讚賞和需要時，可以了解到哪些東西仍然能引起共鳴。當提姆說出他寫的東西時，他發現，雖然他仍同意其

中一些內容，但有一些則「聽起來不再像是真實的」。提姆告訴我，在他大聲說出「團隊出去喝酒時，我怨恨妳沒有請大家喝第一輪的酒」後，他能感覺到這只是瑣碎的小事。雖然這對他來說仍然是事實，但不是問題的核心。

表 11：提姆的 R.A.N.T. 練習		
我因為……怨恨妳	我因為……感謝妳	我需要妳……
• 利用我的盡責和願意加班的個性。 • 假設我會在妳休假時，完成宣傳工作。 • 對於設計總監職位的實際意義含糊其辭。 • 對於我的表現，沒有花時間給予適當的反饋。 • 團隊出去喝酒時，沒有請大家喝第一輪的酒。	• 請我向新客戶宣傳，讓我感覺自己是公司的一分子。 • 妳要求我審視新員工的履歷時，重視我的意見。 • 分享妳對設計的熱情和投入的精力。	• 在評估工作時，要務實地了解工作需要花多久時間。 • 在做決定時，傾聽我說話，並考慮我的意見。 • 釐清我作為設計總監的職責範圍。 • 每六個月給我一次正式的績效評估和反饋。
我對這種情況的真實看法是……		
• 我受夠了這麼長時間的工作。我對艾莉森利用我盡責的個性感到沮喪，並對這樣影響到私生活感到不滿。我需要做出改變，而這取決於我來實現。		

「我的真實看法是，」提姆總結道，「我受夠了這麼長時間的工作。我對艾莉森利用我盡責的個性感到沮喪，並對這樣

影響到私生活感到不滿。**那就是**所有問題的癥結。」

「我也明白，我需要做出改變，而這取決於我來實現。」

以前有困惑的部分，現在有了清楚的答案。過去有怨恨的部分，如今有了一些解決辦法。以往提不起勁的部分，此刻有了動力。透過對自己說出真實看法，提姆離與艾莉森進行重要對話，又更近了一步。

記住四個字，好好說出真實看法

一旦知道自己的真實看法，下一步就是告訴對方。這意謂著說出我們在觀察、感受、想法和需求方面的真實看法。畢竟，只有當我們表達自己真正經歷的事情時，才會發生重要對話。

提姆告訴我，他對與艾莉森談話感到焦慮。因為她最近生了第二個孩子，他一直不願意進行重要對話，怕會惹她不高興。

「我已經拖了這麼久……」他告訴我，「我根本無法說出任何話來。」

然而，在度過非常辛苦的一週後，提姆改變了主意。他連續兩個晚上在辦公室待到晚上 10 點，為新的客戶完成一些視覺效果，因為有一位資深設計師正在休陪產假。由於這位同事要再過一週才會回來上班，提姆可以預料到，自己的工作時間

會愈來愈長。

　　回想起他可以一次談話提出一個問題，我問提姆他的首要任務是什麼。「我想到的並不是『設計總監』只是有名無實的頭銜，也不是沒有加薪的問題。」提姆說，「而是無情的壓力，每天工時太長，工作量不斷增加。我覺得我沒有生活可言。」

　　他停下來問道：「但因為我之前沒有提出過這個問題，我要怎麼說出真實看法，又不會搞砸對話，也不會破壞我與艾莉森的關係呢？」

　　以我們目前所做的工作為基礎，我建議提姆記住一個簡單的首字母縮寫詞。在我自己的重要對話中，這四個字母的助記詞給我很大的幫助。在我需要說出真實看法時，讓我保持正確的方向。

　　「記得『經常』（OFT'N，按：oft 是 often 的縮寫，意即「經常」）表達自己。」我對提姆說，然後我解釋了這些字母分別代表的意思：

- **O 代表觀察**（observation）。首先，分享你對「事實」的看法，暫時不要提出判斷、意見和主張。專注於事實，從雙方都能同意的現實狀況開始。
- **F 代表感受**（feeling）。分享你現在的經歷，使用「我」開頭的簡單句子，來表達你的快樂、悲傷、憤怒、嫉妒、羞愧、恐懼或其他情緒。例如，「我很沮喪。」避

免使用不可靠的「我覺得」句子，像是「我覺得你不公平。」

- **T 代表想法**（thinking）。透露你對這種情況的想法，談論「什麼行得通」和「什麼行不通」。避免用「對」和「錯」來評價事物，為你所說的話負責。比方說，「我認為這裡的問題是⋯⋯」

- **N 是需求**（need）。要求你需要的東西，對於你想要改變的事情負責。你的需要可能是得到認可、讚賞，或更實際的改變。說出你的需要，但不要讓事情變得複雜。

「我想我會記得『經常』表達自己的想法。」提姆邊說邊做筆記，「有了一個框架會讓我更專注、不那麼情緒化。」

我鼓勵提姆從他觀察到的情況開始，寫下他要說的話。

「一旦你掌握了一些你會使用的詞語，重要對話就不會那麼難駕馭。」我分享道。然後我讓他去思考，在表達自己時，使用 OFT'N 原則的細節。

原來，這才是最有效的語氣

在下一次的輔導課程中，提姆首先說，他發現 OFT'N 原則非常有用。

「我一直在想這件事，」他說，「謝謝妳。我總算能夠使

用這個原則，來說出真實看法。這感覺像是一個突破。」

提姆說他有一個問題要問我，「為什麼不叫 OFTEN 原則？怎麼少了 E 這個字母？」

我回答說，我特意決定要拿掉這個字母，「在我看來，E 代表『預期』（expectations），這可能會毀了對話。畢竟，如果預期自己會破壞這段關係，那就會阻止我們把話說出來。」

我繼續說：「根據我的經驗，當我公開、誠實和尊重地表達想法時，幾乎從未造成傷害。如果有的話，那是因為對方選擇以負面的方式，來理解我的真實看法，而這種情況是我無力避免的。」

「我學到的慘痛教訓是，要是我選擇**隱藏**真實看法，**總會**對一段關係造成傷害。」

提姆看起來若有所思，「那麼妳的意思是，」他確認道，「我應該盡我所能說出真實看法，而不是猶豫不決，並預期我會毀掉這段關係？」

「沒錯！」我肯定地說，「最終，你只能對你說的話負責。如果你拋開自己會造成混亂的預期，就可以更自由地表達自我。」

我補充說，說出真實想法還有一個更重要的方面。「最終，重點不是你說的**內容**，而是你說的**方式**，」我解釋，「畢竟，發送最強烈訊息的不是你所講的話，而是這些話背後代表**你是什麼樣的人**。」

「如果說話傲慢無禮，對方很可能會轉身離開。要是語氣刻薄，對方恐怕就聽不下去了。假如你說話不客氣，對方或許會退縮。對話是雙方都參與的雙向交流，如果有一方退縮，就不再是對話了。」

因此，在重要對話中，我們說出真實看法的方式，必須能讓對方繼續與我們交談。回到 OFT'N 原則，我與提姆分享，自己所學到最有效的語氣：

- **觀察**：描述「事實」時，要盡可能**中立**。
- **感受**：分享經歷時，要盡可能**真誠**。
- **想法**：說出什麼行得通／行不通時，要盡可能**坦率**。
- **需求**：請求你需要的東西時，要盡可能**清楚**。

提姆看起來若有所思，「我能理解妳所說的，把中立、真誠、坦率和清楚帶入對話中，但我該怎麼做？」他問。

「練習一下會有幫助。」我建議，「首先，想像你在和艾莉森談話，而她正在仔細聆聽。你會說些什麼？」

提姆花了一段時間才找回自己的心聲，但他一開口，就娓娓而談。

在他說完自己的真實看法後（見後文的表 12），他看起來年輕了 10 歲。在輔導課程開始時，他顯得疲憊不堪。現在他的眼睛發亮，背部挺直，站得很高。

「還有最後一件事，」我建議道，「你需要了解艾莉森的反應是什麼。問一些簡單的問題，比如『妳覺得這聽起來怎麼樣？』當我們邀請對方回應，這有助於緩和說出真實看法的影響。」

「我覺得自己像是一名運動員在大賽前熱身。」提姆說，「現在我已經排練了想說的內容和方式。我已經準備好面對艾莉森，並進行重要對話了。」

表 12：提姆的真實看法

「妳讓我擔任設計總監已經兩年了。從那時起，我就一直帶頭處理客戶的專案。我的工作量大大增加，所以經常在辦公室待到晚上 7 點多。上週妳休假時，我必須做完妳要求伊恩為新客戶完成的視覺效果，這讓我連續兩個晚上，一直工作到晚上 10 點。」
（盡可能中立表達觀察到的情況。）

「由於我一直在加班，必須經常在辦公室待到很晚，這讓我很沮喪。工作占用我的晚上時間，害我無法參加馬拉松訓練，為此我很困擾。我很難過，因為兒子還這麼小。我和家人在一起的時間太少了。」
（盡可能真誠地表達感受。）

「業務做得這麼好，而且有這麼多潛在的新客戶是件好事。我認為我們有一支優秀的設計師團隊，同仁渴望學習更多的東西。然而，我認為行不通的是，妳估計專案需要多長時間時，評估不切實。這些工作通常需要比妳預計更長的時間，這使得工作排程變得困難，也意謂著我經常必須熬夜，才能趕上交期。」
（坦率地表達想法。）

> 「我想要參與新客戶提案的排程決定，我建議每週一早上進行一次對談，討論專案的進度和首要任務。如果妳認為需要我在晚上加班，那麼至少提前 24 小時告訴我，這樣我就可以做好計畫，並讓我的家人知道。」
> **（盡量清楚表達你的要求。）**
>
> 「妳覺得如何？」
> **（徵詢回應。）**

懂得如實表達後，美好的事發生了……

當提姆被診斷出壓力大和患有高血壓時，進行重要對話的最後推力出現了。這幾個月來，他的妻子一直擔心他沒有正常的飲食或睡眠，所以帶他去看醫生。提姆意識到，對於苛刻的工作時程不表示意見、或不採取任何行動，會影響他的健康，所以他決定面對現實，要與艾莉森談談。

提姆謹慎地選擇了進行重要對話的時機。一天早上，他很早就到了辦公室，他知道艾莉森會獨自一人在電腦前工作。一旦他確定她方便說話，提姆就使用 OFT'N 的原則，來表達他的觀察、感受、想法和需求，解釋他所感受到的長期壓力和他想要的改變。他清楚堅定地說出真實看法，然後問艾莉森的想法。

雖然艾莉森並不同意提姆的所有要求，但她承認他工作很努力，而且非常重視他的貢獻。讓提姆感到驚訝的是，因為他

有勇氣說出來，所以收到這種認可感覺很好。

　　一個月後，雖然辦公室的生活仍然沒有變化，但提姆意識到他內心發生了巨大的變化。透過表達挫折感，他已經了解現實情況，並明白他現在需要採取進一步的行動。後來，他注意到他家附近的一個工作室正在招聘平面設計師，他本能地知道，這是他為自己創造新生活的機會。在他應徵成功後，他接受了這個職位，這樣他就可以用原本的通勤時間，去上培訓課程，實現他成為運動按摩治療師的夢想。

　　提姆決定用面對面的方式跟艾莉森辭職，而不是發送一封沒有人情味的電子郵件。由於已經進行了一次重要對話，提姆找到了新的自信，他在宣布自己的職業決定時，感到更加從容。多年來，提姆對毀掉與艾莉森的關係、或自斷後路的所有恐懼，都是沒有根據的。艾莉森不僅替他寫了一封極好的推薦信，還帶團隊出去舉行了告別派對。提姆苦笑著注意到，她是提出要付第一輪酒錢的人。

重點整理

　　說出真實看法可能會讓人不舒服，但對於重要對話來說，卻是必不可少的。而說出真實看法，包含了兩個層面。首先，對自己說出真實看法，然後向對方說出真實看法。若能為自己的真實看法挺身而出，是種解放，讓人能夠成為真正的自己。

而你可以透過以下步驟，來做到這一點：

- **面對難以討論之事**。對自己誠實，檢視你一直迴避的對話。問問自己，即使會有些不舒服，要怎樣才能把你認為禁忌的話題，變成可以討論的東西。

- **面對實況**。提醒自己，你的看法並不是真相。區分客觀現實（你所觀察到的），和你對情況的看法（你所思考出來的）。挑戰自己，看清大局。

- **傾聽自己的感受**。深入了解你的真實感受，準確指出你正在經歷六種核心情緒中的哪一種（快樂、悲傷、憤怒、嫉妒、羞愧或恐懼），盡可能準確地說明你目前的真實看法。

- **R.A.N.T. 練習**。跟自己聊聊，你對別人的真實看法是什麼。請寫下並完成以下句子：「我因為……怨恨你」、「我因為……感謝你」和「我需要你……」大聲念出你的句子，看看哪些能引起共鳴，哪些不再是正確的，從而梳理出真實看法。

- **經常表達自己的觀點**。使用 OFT'N 原則，告訴對方你的真實看法，分享你的觀察、感受、想法和需求。使用「我」開頭的句子，為你所說的話負責，例如「我認為行不通的是……」

- **實際付諸行動**。透過練習，說出你的真實看法，為重要

對話進行排練。想好你要使用的語詞，以及你說這些話的方式，注意語氣，盡可能保持中立、真誠、坦率和清楚。

- **徵詢回應**。在說完你的真實看法後，詢問對方的真實想法。放下你的預期心理，對他們所說的話持開放態度。此外，也要接受事情可能沒有轉變。除了你有機會改變自己之外，什麼都不會變。但這已足以讓一切改觀！

什麼樣的溝通，更有意義？

在對話中，我們可以進行不同層次的交流。比方說，和陌生人等公車時聊天，與和最好的朋友交談是不同的。日常互動通常相當平凡，而重要對話則需要我們更多努力。了解溝通有不同的層次，這一點有助於我們建立融洽的關係、建立信任，並加深對話的層次。

著有《人間遊戲》（*Games People Play*）一書的心理學家艾瑞克·伯恩（Eric Berne）提出一種有用的模型，把溝通區分成不同層次。隨著層次提高，我們變得更加投入，對話也更具活力：

- **事實和資訊**，例如：分享你從事的工作和居住的地

方。

• **信念和看法**，像是：上次投票的方式以及原因。

• **感受和情緒**，比如：表達挫折、喜悅或悲傷。

　　當然，提升層次雖能使對話更有意義，但也代表要承擔更多風險。《心理學家》期刊（2005 年 4 月）中的研究顯示，人在日常對話中，只有 2% 的時間，在表達內心的想法和感受。為了不讓談話有濃厚的交換條件意味、而是多促成改變，我們需要敞開心扉，說出真實看法。

Chapter 9

轉變 6：
拋開內心小劇場，困難對話也不怕

「在所有故事之前，你就已經存在。當故事被理解後，你會認
識更深層真實的自己。」

——美國心靈導師拜倫·凱蒂（Byron Katie）

　　要進行重要對話，有時會需要跳脫「內心小劇場」。內心
小劇場是每個人對自己、他人和自身處境的敘述，妨礙了人們
成為真正的自己。無論它讓人覺得渺小還是優越，是受害者還
是惡棍，內心小劇場都是把我們與真實自我和他人隔絕開來的
原因。若能意識到這種內心對話，就可以避免破壞與他人的對
話，並允許新的可能性出現。

　　要是滿腦子都在想著「應該」和「不應該」，就會陷入內
心小劇場。比方說，可能是想著「這不應該發生在我身上」、
「他們應該道歉」或「我失敗了」等等。但如果過度認同內心
小劇場，我們就不是真正的自己，對話更會受到阻礙。

當我們因對方所說的話而受傷、不是滋味或失望，就進入了內心小劇場。一旦反擊、生悶氣或讓別人感到內疚，就是在表現內心小劇場。內心小劇場可以主宰我們的生活，破壞談話。這個內心小劇場的觸角可以從童年開始延伸，經過青春期，進入成年。我們常常不知道內心小劇場是如何控制自己，並扼殺了對真實自我的認知。

要告別內心小劇場，首先需要察覺到它。我們需要意識到，有兩種對話同時在進行：一種是與自己的對話，另一種是與他人的對話。而知道內心正在進行無形、未經審視、持續的對話，這會對我們的交談方式及結果，產生重大影響。

一旦不再認同內心小劇場，就能用新的方式與他人相處。我們可以與對方交談，而不會錯怪他們，也不會貶低自己。隨著溝通的空間開拓了，新的見解也會浮現，並帶領我們走向新的可能性。本章旨在改變我們的內心小劇場，從而改善對話。

「是時候談談了，但怎麼聊才能帶來改變？」

你的使命是透過工作使別人生活更美好。你不願意袖手旁觀，假裝世界上沒有苦難。有時，你犧牲了自己的幸福來幫助他人。要是同事對你不公平，你會退縮，並繼續做下一個任務。

在現在的工作中，你發現自己處於一種熟悉的情況：老闆正在打壓你，你卻無力阻止。懷著沉重的心情，你考慮提出正

式的申訴，但你不願意透過漫長、痛苦的過程，來解決問題。你嘗試過溝通，但不確定自己是否有時間、能力或意願，進一步交談。但是，你想不到其他方式來討論問題、還你清白，並找到解決方案。

特蕾莎在類似的情況下，找到了解決辦法。

特蕾莎 40 多歲，工作勤奮、盡職盡責、精力充沛。她堅信自己的工作，可以幫助世界上最弱勢的人。對於如此動力充沛的人來說，她卻總是帶著溫柔的微笑、輕聲細語的，散發出善解人意的氣質。她有一半的法國血統和一半的英國血統，善於表達，口齒伶俐，富有魅力。她開心時，會像小孩子般燦笑；生氣時，會像憤怒的青少年一樣反擊。所以與特蕾莎談話，就像坐雲霄飛車一樣刺激。

特蕾莎在成為全球慈善機構募款總監的前一年，曾在某活動組織擔任募款經理，長達十年。只是她在幫助弱勢群體方面的出色記錄上有一個問題：特蕾莎長期受到霸凌。俗話說：「人們加入了組織，卻因為管理者而離開。」這句話讓特蕾莎面露陰鬱的笑容，因為她在上一份工作中，受到一名董事會成員的迫害後離職了。在自信心崩潰後，她決定重新開始，到新的慈善機構，帶領他們展開滿懷抱負的募款活動。

起初，情況看起來都很樂觀。她的新老闆吉姆很高興團隊中，有這樣一位經驗豐富的新成員。他信任特蕾莎，並就他與

其他同事之間的衝突，徵求她的意見。他要求特蕾莎改變組織的文化，使組織變得更加專業和高效。特蕾莎全力以赴，制定新的策略，爭取知名贊助商，並透過企業捐款募集資金。她很快取得了優秀的成果。

幾個月後，特蕾莎開始收到吉姆的電子郵件，說她所做的一些改變，讓其他人感到不舒服。但她詢問更多細節時，吉姆卻沉默不語。特蕾莎還注意到，吉姆沒邀她參與跟潛在贊助商的重要會議，並隱瞞重要資訊。然後吉姆拒絕讓她招募一名新的團隊成員，來處理不斷擴大的企業贊助商名單，這使得她的募款目標幾乎無法實現。

特蕾莎覺得，為吉姆工作愈來愈難以忍受。她得知，他一直在與她的團隊成員聯繫以獲取資訊（即使他們在度假或休病假），也沒有徵求過她的意見。他還不只一次在她的同事面前，公開批評她。

「我覺得自己完全被中傷了！」特蕾莎說，「我不敢相信，但我覺得**又被**霸凌了。」

然而，每次她試圖與吉姆討論這些問題，他要麼不在，要麼建議他們改天再談，但永遠等不到那天。特蕾莎非常沮喪，因此對吉姆做錯事的跡象變得高度警覺。她現在認為，吉姆是會操縱、控制和逃避現實的人。

特蕾莎最近收到吉姆寄來的一封電子郵件，裡面有她的年終考核草稿。看到他給她的總體評價是「低於標準」，而不是

她預期的「優秀」時，她感到非常生氣。她拒絕簽字，認為他的評估不準確，而且有損她的名譽。她認為吉姆正在施加壓力，迫使她離開公司。

特蕾莎考慮對吉姆提出正式的申訴，但她知道這將是漫長而痛苦的過程。雖然她相信對話的力量，可以作為消除分歧和解決考核問題的方式，但她因為意志消沉而不抱持希望。

就在這時，特蕾莎聯繫我尋求指導。

「我認為現在是時候談談了。」她說，「但我怎樣才能透過對話，帶來改變？」下面是我們對這個問題，一步步找到的答案。

收集好「資源」，這是有強大力道的對話工具

若無法在生活中做出適當的下一步，人就會被「困住」。無論是完成論文，還是進行重要對話，大家通常都需要一些幫助，才能「擺脫困境」。但只要找到重新獲得力量的方法，我們就可以向前邁進。

在第一次輔導課程中，特蕾莎告訴我她在工作中被霸凌的經歷。她沮喪地哭泣，爆發出憤怒的情緒，讓我很難聽懂她敘述的思路。她似乎從我們的談話中恍神了，回到她人生的痛苦記憶裡。在探討了其中一些記憶之後，我鼓勵特蕾莎回到現在，談談她目前面臨的挑戰。

「吉姆想要陷害我！」特蕾莎幾乎是咬牙切齒地說道，「他在考核中把我評為『低於標準』，這真的讓我很難堪，我感到非常委屈。」

特蕾莎說她非常沮喪，不知道是否有可能與吉姆達成決議。

「無論我做什麼，都無法改變這一點。」特蕾莎說，她的聲音裡帶著絕望，「我感到非常無助。」

我讓特蕾莎哭泣，發洩她的怒火。我感覺到，一旦她能夠表露痛苦，就會進入更平靜的狀態，而我只需要承認她有艱難的處境。多年來，我了解到，單純地讓別人表達情緒，有時候是我能給予的最好幫助。

等到特蕾莎平靜下來後，我發現她其實是一位訓練有素的調解員，並且成功地幫助同事度過了困難的對話。然而，在談到她面臨的衝突時，她似乎無法幫助自己。在我看來，特蕾莎缺乏自信，是她無法與吉姆進行有效對話的真正障礙。

特蕾莎提到同事一直在利用她，而她也在職業生涯中，遭受了很多苦難。聽著她的艱苦經歷，我深感同情，卻也強烈感覺到，她深陷於被害妄想和指責他人的內心小劇場。她受到了不公平的對待，**而且**感覺無力改變任何事情。為了與吉姆進行有力的對話，我認為她首先需要增強自信。

我要求特蕾莎完成「收集資源：成功應對各種對話」練習（見第三部分，練習⑯），這能幫助她找出可以利用的配套資

源，使她更有信心與吉姆交談。特蕾莎使用我給的範本後，列出了不同的人、地點和資料，這些資訊讓她有動力與吉姆進行對話，並創造一些變化。圖 2 顯示特蕾莎想出的資源。

在探討她的清單時，我問特蕾莎，她如何利用這些資源來向前發展，她找出了自己可以採取的三大行動：

一、**與信賴的同事和客戶交談**：收集她工作成效的正面證據。這有助於加強她的自信心，還可以當作證明，向吉姆展示她的能力。

二、**做一些研究**：了解霸凌和申訴的程序。雖然正式投訴不是特蕾莎的首選，但確認自己的投訴有正當性，有助於釐清情況。

三、**與工會代表交談**：查看工會代表能夠為特蕾莎與吉姆的對話，提供什麼支援。而知道自己的權利，也有助於特蕾莎即使在非正式的談話中，仍保持堅強。

看到可動用的支援比她想像的要多，特蕾莎開始為她的處境採取行動。她與同事交談，諮詢了工會代表，並編列一個檔案，詳細說明她的募款成就。她沒有告訴自己情況多麼絕望，而是為重要對話創造動力。她開始走出內心小劇場，邁向生活。

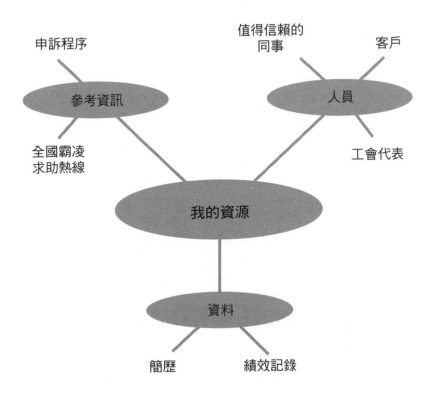

圖2：特蕾莎的資源

申訴程序

值得信賴的
同事

客戶

參考資訊

人員

全國霸凌
求助熱線

工會代表

我的資源

資料

簡歷

績效記錄

從「弱點」開始，喚起豐富的內在資源

除了**外在**世界可用的支持外，**內在**世界也提供了豐富的資源，以利我們進行重要對話。透過利用心理能力，如韌性、樂觀和同理心，我們可以積極地進行對話，而不是被動地看著人生就此蹉跎。

為了幫助特蕾莎闡明個人優勢，我們在一開始時，有點反常地從她自認的「弱點」著手。考慮到她的自信心非常低落，我覺得這種相當間接的方法對特蕾莎來說，比試圖直接找出她的優點更有幫助。

　　有時候，針對自認的弱點，去大幅上調或下修發揮程度，它可以成為優勢。例如，把激進特質「下修」，可以變成果斷自信，而把順從特質「上調」，就能變成反應靈敏。把程度調到合適的水準，就可以在對話中使用這些特質，而不是把它們視為弱點或毛病。

　　特蕾莎指出自己的三大弱點。她說，多年來，同事、家人和朋友的反饋指出，她有幾個特質在某種程度上存在問題。

　　我想挑戰她對自己個性的看法，這樣她就可以完全地投入與吉姆交談中。對於她所謂的各項弱點，我請特蕾莎闡明，弱點在某些時候如何成為優點。然後，我們探討了當她與吉姆進行重要對話時，可以做些什麼，來利用這些未發掘的優點。我們得出的結論，如表 13 所示。

　　以不同的方式看待她的「弱點」後，我認為特蕾莎現在已經準備好，回答下一個問題。

表 13：特蕾莎的內在資源		
弱點	把弱點轉化優點	利用這個優點的方法
• 我太敏感了。 • 我會不耐煩。 • 我承擔太多事情。	• 我為弱者而戰。 • 我很想把事情做好。 • 我取得優異的成果。	• 為自己挺身而出，冷靜而清楚地表達自己。 • 選擇合適的時間與吉姆交談，而不是莽撞行動。 • 分配好時間和精力來解決問題，而不是分散心力，冒著忽視問題的風險。

「那妳認為，妳的三大優點是什麼？」我問道。

由於做過之前的練習，特蕾莎又快又輕鬆地給出答覆。她非常流暢地談到自己的正直、韌性和改變現狀的熱情。在輔導課程結束時，她眼中閃爍著光芒，臉上也有了一抹紅暈。我們討論了她在與吉姆進行重要對話時，如何發揮這些特質。

「我比想像中更有優勢。」特蕾莎深思說道。

「所以讓我們看看，如何進一步改善妳的處境。」我回答。

比起把心力放在改變對方，不如……

面臨困難的談話時，把注意力集中在**可以**改變的事情上，而不是被不能改變的事情所困擾，是很有幫助的。因為我們很容易會想，「他從來不聽別人說話」、「她要一切如她所願」或「這些事情總是發生在我身上」。但要是專注於他人、處境或自己的問題，很容易就會陷入內心小劇場。

要透過與某人交談來創造改變，必須將注意力轉移到積極、主動和目標明確的事物上。「你注意的東西會放大」是威力強大的原則，既適用於重要對話，也適用於人生的其他領域。因此，將注意力放在可以改變的事情上時，就會產生能量，讓人能透過對話，實現轉變。

在早期輔導課程中，特蕾莎對於一開始就必須尋求指導，感到憤怒。這一點讓我有些吃驚。她來找我是因為她需要幫助，但她似乎對被迫尋求支援感到不滿。

「為什麼責任要由我來承擔，要我做出改變？吉姆才是那個行為惡劣的人！」

我告訴特蕾莎，我明白吉姆的行為讓她的生活變得非常辛苦，但我們無法改變他。

「現在，我們專注在妳身上。」我說，「不是因為我們在縱容吉姆的行為，而是因為最終，妳只能為自己負責。」

以特蕾莎過去被欺負的經歷來看，我懂她可能會因為必須

靠自己來採取行動，而感到忿忿不平。然而，我擔心她一直著眼於吉姆的問題，會破壞她試圖與吉姆進行的對話。在我們的談話中，特蕾莎經常會轉而指責吉姆苛刻和報復心強，並抱怨她的績效評估和整個工作場所的不公。

為了幫助特蕾莎轉移注意力，我讓她在一張紙上畫兩個同心圓，一小一大。在小的圓圈裡，我請她寫下自己可以改變、不需要任何人幫助的事情。在大的圓圈裡，她要寫下只能透過影響他人、間接改變的事情。

在寫下她可以發揮作用、但無法直接影響的事情時，特蕾莎變得非常專注。之後，要列出她可以改變的事情時，她更是認真推敲。後文的圖 3 顯示了特蕾莎想出來的內容。

意識到哪些事情是我們可以改變的，是一個強大的轉變。畢竟，如果認為自己老是受制於他人、外部環境或命運，就會一直處於被動和漫無目的。心理學家發現，相信事件結果取決於外在因素的「外部控制觀」（external locus of control），與較低落的幸福感、較差的心理健康和低成就有關。

無論發生什麼事情，一旦我們相信自己**有能力**改變反應，就會變得更加積極。換句話說，如果抱持著「內部控制觀」（internal locus of control），相信自身的信念及行動能影響結果，我們就更有可能與他人接觸、尋求資訊，並認為自己會成功。透過將注意力從無法移動的「巨石」，轉移到可以改變的事情上，這有助於我們走出困境，進入對話。

圖 3：特蕾莎的影響圈

吉姆和高層
管理人員

我的名聲

預算

我的想法
和說法

我的團隊
和其他同事

我們的客戶

組織政策

「現在我用不同的眼光，看待我的處境。」特蕾莎說，「我感到更有信心了。知道我可以控制自己說的話、所想的事和所感受到的東西，這讓我與吉姆的談話大有可為。」

為什麼無法有建設性的對話？

要是覺得很難進行建設性對話，可能是因為內心小劇場干

擾了我們的談話能力。內心小劇場有時就像一首配樂，在腦海中不斷重複播放。如果不加以審視，這種內在的配樂會讓人沉浸在戲劇化的情境中，最後非但沒有看到機會，反而專注於錯誤的地方。透過察覺到這種內部對話，我們變得更有能力與他人進行穩健的對話。

另一方面，內心小劇場恐怕會帶來兩大問題。首先，這種內在的配樂可能在我們沒有意識到的情況下，滲入談話，並加以破壞。例如，如果內在對話充滿敵意，即使我們沒有說出明顯有敵意的話，對方恐怕也會注意到。或者，假如我們自認高人一等，對方可能會縮短談話時間，因為他們在自視甚高的我們面前，感到渺小。

而內心小劇場會干擾談話的第二種方式是，我們被腦海中的聲音給分散注意力，以至於無法完全專注於對方的談話。但如此一來，可能會錯過別人所傳達的訊息，並且很難「迅速反應」。然後，事後再責備自己，認為「如果我當時……就好了」。然而，當時我們其實是更專注於對自己所說的話，而不是別人所說的話。

因此，只有對現在發生的事情保持清醒、警覺，並加以注意，才能進行重要對話。唯有走出內心小劇場，並進入**當下**，才會發生徹底的變化。

當然，揭開內心小劇場可能是一個挑戰，因為它埋藏在心靈深處。為了幫助特蕾莎更加了解內心活動，我建議她完成

「重溫對話：看清內心小劇場」練習。這包括寫下她與吉姆的部分對話，而這段對話是讓她感到痛苦且沒有成效的。除了他們各自實際說出來的話外，特蕾莎還寫下了她**沒有**表達的想法和感受。特蕾莎完成的練習請見第三部分，練習⑰。

在下一次輔導課程中，特蕾莎和我大聲念出了她與吉姆的真實對話，以及她的內心對話。當我們繼續討論他們的互動時（如下文所述），我注意到特蕾莎有了很大的變化。她的肩膀放鬆，表情變柔和了。儘管寫出這段對話很困難，但這麼做讓她從戲劇化的情景中抽離出來。她現在不是對情況被動反應，而是會加以反思。

這一次，特蕾莎講自己被老闆霸凌的經歷時，我發現我更容易理解她所說的內容。之前她在指責和受害者的感覺之間搖擺不定，但現在她更冷靜、條理更清楚了。我可以想像，她會以這種更加理智的方式與吉姆交談。我感覺到，如果她能找到辦法，與吉姆處於相似的狀態，他們的對話就會截然不同。

基於這一點，我邀請特蕾莎進入下一個階段，拋開她的內心小劇場。

看清內心小劇場，才有機會好好說話

為了告別內心小劇場，首先需要看清它。挑戰在於，人常常根本沒有意識到自己有內心小劇場。正如凱蒂喜歡說的，

「你有內心小劇場，但你不是你的內心小劇場。」雖然內心小劇場不是我們真正的樣子，但必須看清它、接受它，才能超越它。因此，儘管直視內心小劇場令人不舒服，卻很有啟發性。

事實上，內心小劇場通常起源於童年。畢竟，小時候的我們非常脆弱，許多人都會在不知不覺中受到創傷。例如，父母突然大發雷霆，可能會讓小孩非常痛苦，以至於小孩一聽到說話的音調提高，就會焦慮不安。隨著她長大後，她發現很難為自己挺身而出，與他人對抗。她的內心小劇場變成了「我不能破壞現狀」。她 3 歲時發生的事情塑造了她至今的想法、感受和所說（或不說）的話。

當然，並非所有的內心小劇場，都源於痛苦或令人不安的童年經歷。我們可能已經內化了來自父母或老師的資訊，這些資訊會讓人對自己產生誇大的感覺。然而，在進行重要對話時，「我總是對的」這個內心小劇場，恐怕和「我是受害者」的內心小劇場一樣有問題。

因此，意識到內心小劇場，就有機會不再自我矮化、或不要表現出高高在上的樣子，談話更可能從此改變。

而內心小劇場，最容易透過「感受」展現出來。回到特蕾莎的重溫對話練習，我請她指出，在與吉姆交談時，體驗到的三種最強烈感受。特蕾莎認為這三種感覺是：

- 「我真的很焦慮。」

- 「我的信心完全被打垮了。」
- 「我感到丟臉。」

知道我可能會觸及到特蕾莎的痛處，我小心地問下一個問題，「妳以前什麼時候經歷過同樣的感受？」

特蕾莎停頓了一下。「很多時候……」她平靜地說，眼中含著淚水。

「妳記得第一次感到焦慮和丟臉是什麼時候嗎？」我問。

過了很久，特蕾莎回答說：「我 6 歲的時候。」她的聲音很平靜，並低頭看著地板。

「我和朋友玩得很晚才回家。我父親大發雷霆，我以為再也不能出去了。後來我開始哭，他叫我閉嘴，要我回房間。我一直待在那裡，直到第二天早上，我媽媽發現我還在哭。」

特蕾莎接著描述童年和青少年時期，被父親辱罵的情形。她說，即使現在已經 40 多歲了，仍未真正學會反抗他。

我謹慎地選擇時機，盡可能輕聲地問道：「你父親和吉姆之間可能有什麼關聯嗎？」

特蕾莎直視著我的眼睛，「吉姆給我的感覺，和我爸給我的感覺一樣。」她說，「我有一種強烈的感覺，事情出錯時，都是我的錯。」

「這對你和吉姆的談話有什麼影響呢？」我問。

「我把想說的話給吞了下去，沒有表達出來。」特蕾莎回

答，「每次與吉姆談完話後，我感到完全使不上力。」

她邊說，眼睛睜得更大了，「我一直覺得吉姆對我很惡劣，但現在我明白，是我**一直讓**他那樣對我說話。如果我調整對他說話的方式，也許就會改變他對我說話的方式。」

特蕾莎開始擺脫「都是我的錯」的內心小劇場，她正快要邁向能夠進行重要對話的重大階段。

抓出難以對話的元凶

如果不審視內心對話，會破壞我們與人交談的能力。就算沒有表達出來，但這些內心想法與感受，早已為對話定調。例如，若思考模式充滿批判，那麼無論說什麼，這種負面情緒都會滲入對話中。相反的，如果有支持性、寬廣的思考模式，就更有能力傾聽，而新的可能性也會隨著對話浮現。

量子物理學家波姆在《論對話》一書中，使用受到汙染的河流，來說明思考模式在對話中的力量。如果把精力放在清理水質，就會發現河流很快又被汙染了。最好的辦法是「去上游」，從源頭清除這些毒素。同樣，最好先釐清自己的思考模式，而不是只注意我們的談話方式。

一個需要培養的重要能力，是波姆所謂的「暫停」。這意謂著將想法攤開在眼前，以便檢查、探索和評估。然後，就可以看到自己的思考模式是在破壞對話，還是有益於對話。「暫

停」是微妙的技巧，但卻是應該為重要對話培養的最有效技巧之一。

我告訴特蕾莎，根據我的經驗，有三種思考模式會扼殺對話。為了知道她是否陷入其中任何一種情況中，我鼓勵她回顧在重溫對話練習中，寫下的未表達想法。特蕾莎發現，有證據顯示她的想法深陷以下三種情況：

- **防禦心重**：「為什麼他不能欣賞我已經在做三人份的工作？」
- **責備自己**：「我不擅長為自己說話，反正他從來不聽我的話。」
- **指責別人**：「他老是貶低我，並且否定我說的話。」

「當時我不知道，所有這些思考模式都閃過我的腦海。」特蕾莎說，「難怪我很難迅速反應。」

我向特蕾莎解釋，如果不去審視這些想法，就很難與人進行對話。因為這些想法造成了「認知負荷」，使內心談話與外部對話競爭，結果無法進行真正的對話。然而，一旦更清楚內心對話，就會更容易接受對話中出現的內容，這或許會產生意想不到的結果。

「感覺就像我腦海中的烏雲正在散去。」特蕾莎反映道，「但如果那些未說出口的想法正在破壞對話，那麼怎樣能有幫

助？」

我們接下來要解決的，就是這個問題。

你也常常覺得「要是當時有說⋯⋯就好了」嗎？

更加注意內心對話，還有其他好處。除了消除無益的思考模式外，還可以把直覺融入到思考過程中。如此一來，在面對重要對話時，不需要特意推理，即可立即理解某事，這是無比強大的援手。挑戰在於，如何使用這種第六感。另一方面，直覺只會在我們需要的時候出現。

波姆在關於對話的著作中，強調了「本體感受覺察」（proprioceptive awareness）的重要性。這指的是意識到，身體正在發生的感覺。相比之下，「回顧型覺察」（retrospective awareness）是指當我們回過頭來，意識到自己在談話的某個時刻，感到心情低落。

透過本體感受覺察，我們能夠注意到某種感覺或想法，在內心中湧現。然後，我們可以使用這些意念，在最有影響的時刻，也就是當下，表達出內心出現的東西。如此一來，就不太可能在談話結束後，想著「要是我當時說⋯⋯就好了」，或者「我希望我告訴他們⋯⋯」或是「如果我當時頭腦冷靜，我就會⋯⋯」

培養本體感受覺察，讓人在談話時，更能發揮直覺。想想

我們的直覺在之前的談話中，是如何表現出來的（即使我們沒有採取行動），會是很好的起點。

有鑑於此，我請特蕾莎再次回顧她的重溫對話練習。這次我讓她看看在所有的「噪音」中，她的內心對話中是否有任何「寶藏」。所謂寶藏指的是，任何她內心深處未曾表達、但與吉姆交流時，可能很有幫助的部分。特蕾莎發現了三種未被表達、卻非常重要的想法：

- 「**我對提案感到緊張**。」特蕾莎認為，如果把這個問題說出來，比如說：「我覺得這有點尷尬，但我希望我們能談談……」能幫助她平靜下來。事實上，她發現，要是不處理焦慮的心情，隨著她與吉姆的談話進行，這份焦慮感只會愈來愈強烈。

- 「**我需要先交代一下背景**。」特蕾莎意識到，自己都是直接談論招募的提案，沒有提供吉姆更大的格局。她本可以說，「讓我為你解釋一下背景……」然後問，「你希望從這次對話中得到什麼？」由於她沒有這樣做，特蕾莎覺得自己在接下來的互動中「處於劣勢」。

- 「**我需要堅持立場**。」特蕾莎很清楚，關於她有爭議的績效評估和未來的募款計畫，這兩個談話是兩回事。她本可以說，「這是兩個完全不同的對話，我們要分開來討論。」在她看來，當時沒有明確說明這一點，導致談

話脫離正軌。

探索她如何將這些見解帶入與吉姆的談話中，這讓特蕾莎大開眼界。她了解到，說出直覺有助於自己以強而有力的方式，調整對話的方式與方向。

「如果那樣子去交流，整個對話就會不同了。因為**我**會以不同的方式表現。」特蕾莎回想道。

特蕾莎告訴我，她發現重溫對話練習對她非常有價值。這讓她更加察覺到，要改變談話，不是透過戴上任何面具，而是變得更做自己。

「這讓我感覺很好。」特蕾莎微笑說。

聽到特蕾莎這麼說，我知道她現在已經準備好，與吉姆進行重要對話了。

面對高難度對話，也不再受內心聲音折磨

特蕾莎盡可能為與吉姆的談話做好充分準備，但她仍然對談話感到非常擔心，並想知道，她是否能夠記住她在指導課程中，學到的所有內容。她做了一些筆記帶進會議室，如果她感到困惑和僵硬，就可以看提示知道該怎麼說。

經過深思熟慮，特蕾莎決定邀請人資經理加入會談。她覺得，若有人在旁見證這次交流，可以幫助恢復她的名聲，同時

也表示她愈來愈有信心。讓她大為欣慰的是，人資經理表示很願意參加。

在會談開始時，特蕾莎陳述了會議的目的，以及她希望能實現的目標。

「我希望，我們就我未簽名的績效評估達成共識。」特蕾莎說，「那你想從這次會議中，得到什麼？」

當吉姆和人資經理陳述他們希望從討論中得到的東西時，特蕾莎仔細地聆聽。透過讓每個人「分享想法」來展開討論，為對話奠定了一定程度的架構，並給予每個人找到立足點的機會。

與他們之前的會談不同，特蕾莎發現她能夠專注在吉姆身上，而不會因內心的對話而分散注意力。她聽著吉姆所說的話，沒有為自己辯護或打斷他。當他對照他們在年初約定的募款目標，來檢討她的進展時，她發現自己在某些方面表現不佳。

輪到她發言時，特蕾莎冷靜清楚地說話。她向吉姆解釋，因為沒有讓她招募她需要的額外人手，所以她在所有商定的募款目標做得很辛苦。特蕾莎提到彙整的證據文件時，她證明自己成功地吸引新的贊助商加入，並取得大量捐款。

令特蕾莎意外的是，她注意到自己開始放鬆了。她回想起她為確定自己的天生優勢所做的練習，以及即使是她的「弱點」也對她有用。

「我正在成為自己的發言人。」她發現自己這樣想著。當她注意到內心的對話發生變化時，她在心裡微笑了。

根據特蕾莎提供的證據，吉姆同意重新審視對她的表現評估。

「我看得出妳一直在努力工作，」吉姆說，「包括在我不知道的領域。」

他同意審視她的提案，在未來幾年招募更多團隊成員。

「謝謝你。」特蕾莎說，「等你詳細看了提案後，我們最好進行後續的談話。」

「還有一件事，」吉姆突然補充道，「不知道妳願不願意在下個月的全球大會上替我出場？因為我無法參加，我認為妳會做得很好，妳可以代表這個組織，熱情地談論我們如何幫助弱勢人群。」

「我非常樂意！」特蕾莎一邊回答，一邊收拾文件，結束談話，並感謝吉姆和人資經理抽出時間，來與她會面。

特蕾莎走出會議室後，心中升起一股莫名的自豪感。她對自己處理這次會議的方式感到滿意和欣慰，因為她所有的準備工作都得到了回報。她決定打電話給朋友慶祝一下。

透過理解「這都是我的錯」的內心小劇場，特蕾莎已經能夠不去在意。她可以堅持立場，為自己發聲，而不是指責別人。透過重要談話，她能夠澄清名譽，解決問題。最重要的是，做回真正的自己。

重點整理

要告別內心小劇場，首先需要意識到它。一旦更加注意到內心的對話、負面的思考模式和困擾的情緒，它們就不太可能外漏出去，而我們也能更好地運用自己的直覺。以下步驟將幫助你告別內心小劇場：

- **收集好你的資源**。充分利用任何外部配套資源，來幫助你為對話做準備。比方說，與你信任的人交談、收集有用的資訊，或為自己做筆記。
- **展現非凡自我**。要清楚知道你的天生優勢是什麼，並懂得運用內在資源，例如樂觀、善解人意和韌性。同時，從「弱點」中尋找隱藏的優勢，看看你能做什麼，來發揮這些優勢。
- **改變可改變之事**。注意你的情況中可以改變的事情，而不是不能改變的事物。把精力集中在你的想法、感受和言語上。
- **擺脫強烈的反應**。寫下你以前不滿意的對話，包括你未表達的想法和感受。更加注意內心的對話，這樣你就會變得更加深思熟慮，也更不會做出消極的回應。
- **看清內心小劇場**。找出你在不滿意的對話中，經歷到的困擾情緒。問問自己，你以前什麼時候有過這些情緒。

看看其中的關聯，找出使你感到渺小或優越的原因。

- **停止破壞行為**。在內心對話中，你是否在責備自己、指責對方或變得防禦心重。看看是否有任何證據顯示，對方接受到了這些想法，即使你沒有說出口。

- **說出心底話**。注意在談話中，你內心湧現的那些有用、直覺的想法，想辦法大聲說出來。此外，與他人交談時，請把部分注意力集中在正面的內心對話上。

擁抱陰影，展開更有活力的對話

「陰影」是指人格中，以某種方式壓抑或隱藏的部分。例如，憤怒、慾望、嫉妒和控制的需求。而陰影常常不被意識所察覺，直到我們喝醉或過度疲勞時才會浮現，然後就會擾亂對話。

在成長過程中，人往往被教導只去表達那些社會可接受的行為，而性格中其他部分則未得到認可，或者不自覺投射到其他人身上。我們把**別人**看成是控制欲強、邪惡或爭強好鬥，而不是向內探求，找出自己內心專橫的一面。

正如麥克‧丹尼爾斯（Michael Daniels）在 2005 年著作《陰影、自我、心靈》（*Shadow, Self, Spirit*）指出，

我們的陰影也可以包含更多正面的特質。由於成長背景使然，我們可能會發現自己很難變得溫柔、慈悲或是率性。但透過更加了解自己的陰影，就可以整合不同面貌，告別內心小劇場，成為真正的自己，並展開更有活力的對話。

Chapter 10

轉變 7：
畫下句點，難說的話更要好好說

「人生是永無止境的開始。」

——法國作家嘉柏麗·博西斯（Gabrielle Bossis）

　　正視未完成的事情，可能會促成一場重要的對話。無論是尋找解決方案、尋求更深層次的理解，或者道歉，談話都可以替一直在消耗我們精力的事情，畫下句點。與他人溝通，或許能夠把未解決的問題收尾，這樣就可以沒有牽絆地繼續前行。

　　一個人的想法、感受和行為，會顯示我們是否背負著過去的包袱。很多人可能會發現，自己被恐懼所束縛，滿心怨恨或後悔。而很多跡象，都反映了人們在逃避重要對話。比方說，徹夜難眠、躲避某人，或塞滿活動來分散注意力，或者用電視、喝酒或其他嗜好來麻痺自己。不管是什麼，未完成之事都會干擾到內心平靜。

　　而畫下句點的第一步，通常是面對自己，承認我們感到多

麼不安。每個人需要接受對話的後果，無論對自己，還是他人來說，結果都是未知數。儘管可能會感到不方便、不舒服或不愉快，但決定按照內心的提示進行交談，是非常重要的。

當未說出口的事情懸而未決時，第二步是與人主動溝通。我們必須找到方法，進行面對面的交談，而不是只想讓自己良心過得去、卸下壓力和一勞永逸地解決問題！

儘管有這些挑戰，但完成未竟之事，可以為所有相關人員帶來極大好處。一旦根深蒂固的傷害得到醫治，關係也可以重新開始。而釋放內心所懷有的罪惡感、悲傷和憤怒，更可以釋放出大量的能量。一起談話可以成為新的開始，因為我們騰出了空間，迎接其他事物。透過重要對話，畫下句點，這是本章的主題。

「我到底該怎麼開口，才能解決這個衝突？」

你已經竭盡全力幫助陷入困境的親人。然而，原本認為這只是短期的解決方式，最後卻演變成壓力很大的長期情況。你仍然願意提供幫助，但愈來愈覺得自己太過遷就。幾個月過去了，你對自己的善意被視為理所當然、對於生活被耽誤，愈來愈懊惱。你知道需要說些什麼來澄清問題，但又發現很難處理這樣敏感的情況。你覺得缺乏建設性的談話，開始損害你與你仍然關心的人之間的關係。

卡洛斯必須處理這項挑戰。

卡洛斯出生在英國，父母是智利人，他是一個口才流利、熱情洋溢、富有魅力的人，有著一雙明亮閃耀的眼睛，和溫暖燦爛的笑容。38 歲的卡洛斯喜歡當自由攝影師，因為這給他發揮美感創意的機會。他還具有語言天賦，遣詞用句豐富有趣，但他知道有時會讓人覺得太尖銳。

成年後的大部分時間，卡洛斯一直住在雪非耳的連棟透天小屋裡，那裡也是他長大的地方。就在他父親去世之前，當時卡洛斯 20 歲，父親要求他承擔起照顧他母親和當時 10 歲弟弟的重任。卡洛斯非常認真地扛下這個責任，並與母親住在一起，確保她得到很好的照顧。在卡洛斯負擔得起旅費的情況下，難得才有幾次機會可以出去旅行，逃開幾個星期。因為他最喜歡在異國他鄉，拍攝風景照片了。

一年前，他弟弟的婚姻破裂，卡洛斯同意讓弟弟安東尼奧搬回來住，以整頓心情。他們的母親決定自己在附近租一間公寓，騰出空間讓安東尼奧的兩個小孩週末可以來過夜。之後，他們的母親把房屋的所有權轉讓給兩兄弟，兩人決定重新抵押房子，這樣安東尼奧能夠償還他的一些債務。安東尼奧在房地產市場崩潰和他的建築公司倒閉後，陷入了困境。

儘管卡洛斯非常喜歡他的侄女和侄子，但他發現家裡這種安排，是他愈來愈大的壓力根源。他經常在家工作，受夠了每個週末都要收拾筆電和昂貴的攝影器材。他很生氣，因為週末

晚上他不能再邀請女朋友到家裡輕鬆地看影片了。然而，他最大的不滿是，安東尼奧每月的房貸總是遲交。而且，卡洛斯無償幫弟弟帶小孩，尤其是在週六晚上幫忙照顧，但弟弟安東尼奧和他的前弟媳海倫都認為這是理所當然的。

壓垮卡洛斯的最後一根稻草出現在幾個月前，海倫在沒有預先通知的情況下，把兩個孩子送過來。海倫的保姆生病了，所以她突然決定把孩子丟給他們的父親，這樣她就可以去上班。但他們沒有事先通知就來家裡，當時安東尼奧並不在家，而卡洛斯正在為重要客戶做一項大專案，交件日期很緊迫。他感到非常惱怒，為了照顧這兩個孩子，家人要求他放棄工作上的承諾。

卡洛斯後來給海倫發了一則用詞尖銳的簡短簡訊。他覺得她常常不考慮別人的感受，但為了他的弟弟，他一直隱忍。這一次她做得太過分了，他必須說出來。他無法按時交件，有可能失去那名客戶。

考量到弟弟離婚和扛著經濟壓力，卡洛斯決定不就這件事與安東尼奧對質。由於卡洛斯非常憤怒，他不相信自己能與弟弟進行建設性的對話。正如卡洛斯所說，「結果會像是在倒垃圾宣洩，而不是在對話。」

幾個月過去了，弟弟沒有考慮到他，讓卡洛斯的怨恨一直在醞釀。由於他在父親臨終時做出的承諾和共同持有抵押貸款，卡洛斯知道他不能就這樣要求安東尼奧搬走。

在沒有對話的情況下，卡洛斯愈來愈感到被困住和怨恨，他和安東尼奧的關係愈來愈緊張。卡洛斯擔心有一天他的憤怒會爆發，並對他與弟弟、母親、侄子和侄女的關係，造成不可挽回的傷害。

「感覺就像一場大災難即將發生。」卡洛斯在與我聯繫尋求指導時，這樣描述。

他繼續問道：「我該如何與弟弟交談，以解決這個衝突？我該如何說出醞釀了幾個月的事情，同時保持家庭和睦？」

下面是我們對這個問題，一步步找到的答案。

承認自己不好，更能好好開口

要是重要的事情沒有說出來，我們會感到內疚、後悔或恐懼。儘管這些感覺不愉快，但可以讓人反思談話的必要性。因此，承認**自己**的感受，是與另一個人進行重要對話的基本第一步。

如果忽略了這些感覺，那麼就有危險。儘管很多人可能會試圖推開這些感覺，卻仍深受其擾。相反的，承認自己的感受，無論多麼不舒服，都可以促使我們開口說話。畢竟，如果不進行對話，恐怕永遠無法與對方或自己和解。

在第一次輔導課程中，卡洛斯談到，他對自己與弟弟的關係感到多麼不安。儘管兩人關係有起有落，但他們一直很親

密。可是卡洛斯覺得過去幾個月，安東尼奧一直在疏遠他。最近，卡洛斯邀請安東尼奧去酒吧看歐洲盃決賽，但安東尼奧找了個藉口，說晚上要和朋友在一起。

卡洛斯說話的時候，可以看出他的心情是多麼激動。卡洛斯本人似乎很驚訝，自己竟然對這種情況如此「激動」。

「對於這些感受，我不能再坐視不理了。」他總結道。

我很好奇卡洛斯為什麼感到如此不安，我問他以前是否有過「不交談」的經驗。我的意思是，他有想要交談的衝動，但沒有堅持下去。根據我的經驗，不交談可能是悲傷、憤怒和內疚的真正來源。但人們通常不太會注意到，因為就定義而言，它們是沒有發生的事情。

「在我父親去世的前一天，」卡洛斯告訴我，「我們談了一下，但我難過到哽咽說不出話，就草草結束談話。我想告訴他我愛他，但沒有說出口。從那以後，我一直很後悔那次沒有跟他好好談談。」

卡洛斯對與弟弟進行重要對話的擔心，現在看起來變得更加合理了。我能感受到，多年前失去了向爸爸好好道別的機會，給他的悲傷之情。

「那麼，你從和父親的經歷中學到什麼？」我問。卡洛斯眨了眨眼，不想讓眼淚留下來。

「我想我學到，我有多麼後悔，沒有談話就轉身離開。」卡洛斯若有所思地慢慢說，「我不想在我弟弟身上犯同樣的錯

誤，也許這就是為什麼，我的內心一直在告訴我：『和他談談』。」

卡洛斯接著問：「但是我怎麼知道這種衝動是可信的？我怎麼知道這樣做正確？」

「要是內在的指引聲音久久不散，傾聽是個好主意。」我回答。

「我覺得在過去幾個月裡，兩人之間的信任有所惡化。」卡洛斯反思道，「我一直沒有對他誠實地說，我感到非常沮喪。而他也一直躲著我，因為他知道我們說話時，我有時會發脾氣。」

說完這些話後，我們把注意力轉向探討，卡洛斯在與安東尼奧的重要談話中，如何控制好自己的憤怒。

換個說法，用「我」來開頭

在我看來，有幾種行為會破壞重要對話，像是暴跳如雷、說謊和閒言閒語等等。所以，如果想讓對話成功，就需要認識到可能破壞對話的因素。然後在談話時，採取措施、減少這些行為，便能帶來巨大的好處。

無論是傾向於大聲責罵、冷落他人，還是狡辯，每個人都有自己的「情緒」要處理。雖然誠實面對沒有益處的行為，可能會讓人不安，但正如俗話所說，「如果總是做一直在做的事

情，就永遠只能得到一直得到的結果。」

對卡洛斯來說，重要對話中的主要挑戰，是控制好他的憤怒。卡洛斯形容自己像是「即將爆發的冒煙火山」。他意識到，一旦激動失控，會打斷任何和弟弟進行的交談。在他們一起長大的這些年裡，卡洛斯經常發脾氣，而安東尼奧已經學會了轉身走開。

自從他們又開始住在同一屋簷下後，卡洛斯一直試圖抑制自己的挫折感。雖然表面上看似乎可以保持和平，但卡洛斯形容他們目前的情況是，「一大堆未完成的事情正在惡化」。

「但因為他是我的弟弟，是我的至親。」卡洛斯說，「我不能就這麼一走了之。我需要透過這次談話來澄清問題，但又不能火冒三丈。」

為了幫助卡洛斯從憤怒和激進，轉變為冷靜和鎮定，我鼓勵他寫下，可能對安東尼奧說的所有那些自以為是的話。當我們回顧這些句子時，令人驚訝的是，它們都以「你……」開頭。

我要求卡洛斯重寫這些句子，從「我……」開頭。一旦我們能承擔自己所說的話，而不是指責別人，談話就會變得更有建設性。表 14 顯示了卡洛斯是如何應對這項挑戰。

我告訴卡洛斯，我曾見證過，在談話中使用「我」開頭的句子，平息了怒火。在我看來，卡洛斯愈是能為自己所說的話負責，安東尼奧沉默不語和無視他的可能性就愈小。

表 14：轉換為「我」的句子	
「你……」	「我……」
• 「你總是把我幫你照顧小孩，視為理所當然。」 • 「你在週末占據了整間房子，這讓我的生活變得很辛苦。」 • 「你婚姻結束時弄得一團糟，讓我和家人失望。」 • 「你總是拖欠房貸！」	• 「我在照顧小孩的時候，你都不說謝謝，我感到很氣憤。」 • 「我覺得生活空間很擁擠，我希望你在週末時，給我更多空間。」 • 「我對於你的婚姻破裂感到難過，也為全家面臨的困境感到憂心。」 • 「我非常擔心，如果不按時還貸款，恐怕會失去老家。」

經過短暫的停頓後，卡洛斯問：「但這不會讓對話都是在談論我嗎？」

「我們還沒結束呢。」我回答，然後我們一起探索下一塊拼圖。

用「我、我們、他們」思維，拉近溝通距離

一旦差異造成分歧，問題解決起來可能會很棘手。人們往往想把注意力集中在誰說了什麼，或誰做了什麼事冒犯別人。但是，比起未來可以共同創造的東西，過去犯過的錯誤就顯得微不足道了。

注意正面的結果，會為對話創造前進的動力。畢竟，對未來的期望有共識，遠比要大家對往事的想法一致還容易。但這並不是說要忽略已經發生的事情，而是把重點放在**可以**做的事上，而非過去應該發生的事情。

回到卡洛斯擔心談話變得過於專注在他身上，我與他分享了一個有用的方法，讓對話既著眼於未來、也以對方為重點。在準備重要對話時，思考三個不同層次的期望是有幫助的。我讓卡洛斯想一想，他想從重要對話中，為他個人（「我」）、他和他的兄弟（「我們」），以及其他家人（「他們」）帶來什麼。人們往往只注意「我」，而不考慮對他人的影響。但把覺察範圍擴展到「我們」和「他們」，意謂著對話更有可能使相關人士受益。

在下一次輔導課程之前，卡洛斯仔細考慮了與安東尼奧進行重要對話，所希望達成的正面結果。我提醒他，注意正面的結果並不能保證會有這些結果，但確實會讓它們更有可能出現。卡洛斯表示，他想要的是：

- **對於我**：住在舒適、放鬆的家裡，工作時可以不受打擾，可以邀請女朋友來玩，與家人度過美好的時光。
- **對於我們（我和安東尼奧）**：每個人都有自己的空間，盡責地管理財務，並根據意願，一起參與社交活動。
- **對於他們（孩子、媽媽和海倫）**：媽媽可以享受與孫子

共度週末的時光，海倫知道她週末可以自由支配時間，
而孩子在愉快的環境中，得到很好的照顧。

「思考所有人的需求，而不僅是我的需求，這很有幫
助。」卡洛斯反思道，「這場重要對話不僅僅是關於我要發洩
情緒，或要求別人感激我替孩子們所做的一切。」

卡洛斯繼續解釋說，使用「我—我們—他們」的框架也讓
他意識到，需要做出決定，而非光是表達感受。

「我現在明白，安東尼奧和我之間的沉默導致了拖延。我
們避免談話，卻無意識地走向危機。大家都不想就是否出售房
子做出重大決定，卻都被自己的猶豫和處境所困。」

卡洛斯停頓下來，我看得出他在整理思緒。

「我也在想，詢問安東尼奧對『我的需求、我們的需求、
他們的需求』方面的期望是什麼，這是開始對話的好方法。」
他若有所思地說。

聽完他說的話後，我完全贊同。

問問自己：有沒有把對方當成「重要的人」來溝通？

雖然注意結果有助於替對話指明方向，但留意彼此的關
係，兩者拿捏得當也同樣重要。在努力著手進行對話時，有一

種風險是，我們可能為了交換條件，而忽略人際關係。

布伯用了非常明確的話語來進行區分，他提到對話的兩個基本方向是：

- **「我和它」的態度**：把對方視為實現自己目標的角色或資源，而不是把他們當作一個人來交談。
- **「我和你」的態度**：把對方視為人類同伴，具有自己的感受、夢想和想法。把對方當作重要的人去交談。

重要對話通常需要在「我和你」與「我和它」之間取得平衡，我們必須以尊重的態度與他人對談，就像希望他們對待我們的態度一樣，同時涵蓋需要討論的困難話題。挑戰在於找到解決問題的方法，同時保持關係完好無損。

就卡洛斯而言，我覺得在他準備與安東尼奧交談時，特意地結合這兩種方法會很有幫助。我要求他完成「架好桌型架構：找到對話平衡點」練習（見第三部分，練習⑱），以幫助他思考談話需要涵蓋的內容。我擔心，如果不做這些準備，卡洛斯可能會為了澄清事情和解決家庭問題，而盛氣凌人地對待安東尼奧。

我用桌子的比喻，向卡洛斯解釋說，「我和你」這個元素就像需要首先放穩擺好的桌腳。然後，在基礎穩固後，就可以把代表「我和它」或交換元素的桌面放上去。

我和卡洛斯討論了，他如何先處理他與安東尼奧的關係。為了把安東尼奧**當作**自己的弟弟來談話，而不僅僅是當成與他共同承擔房貸和照顧小孩的人，我建議卡洛斯傳達兩件事：

- **說明這次對話為何重要**：發自內心地談論他們的關係對他有多重要，卡洛斯會從一開始就把誠意帶入談話。
- **陳述他的觀點**：相較於只展示自己的長處，敞開心扉，坦承自己的不足，並指出他對於需要溝通的原因所做的努力，這樣更容易讓安東尼奧與他產生連結。

　　然後我請卡洛斯說清楚，針對家裡安排，他和安東尼奧需要討論的事項。我建議他，協商事項盡量不要超過三個，不然兩人恐怕吃不消。

　　使用「架好桌型架構：找到對話平衡點」練習中提供的範本，卡洛斯概述了與安東尼奧對話時的關係和交換元素，如後文的表 15 所示。

　　「先說為什麼談話很重要，這一點我倒是真的沒想過。」卡洛斯反思道。「事情出現時，我往往單刀直入。現在我可以明白，不同的方法可以帶來不一樣的結果。」

　　停頓片刻之後，卡洛斯說：「這場重要的談話對我來說，是一個真正的挑戰。我們有很多事情要處理，才能結束過去的一切，重新開始。如果我能接受目前的尷尬處境，我認為與安

東尼奧的談話會容易得多。」

就這樣，我們邁向了下一步。

表 15：卡洛斯對話中的關係和交換元素	
我們需要談談……	
• 週末照顧小孩的安排，包括臨時的變動。 • 每月按時付房貸。 • 家裡公共空間的使用方式，尤其是在週末。	
這次談話很重要，因為……	**我在其中的表現是……**
• 你是我弟弟。 • 孩子們在週末需要有一個家。 • 守住老家對我們所有人都很重要。	• 事情困擾到我時，卻沒有說出來。 • 有時脾氣暴躁、自以為是。 • 沒有意識到這對你來說，壓力有多大。

把每一次對話，都看成是「學習」

在重要對話之前與自己和解，可以對談話方式產生實際的影響。一旦能打從心底接受「彼此需要談談」，就可以把危機變成尋找解決方案的手段。

我很希望讓卡洛斯明白，他打算與安東尼奧交談，是很「美好」的決定。

因為他已經拖了好幾個月，所以積壓很多未完成的事情。我感覺到，如果卡洛斯能夠把「重要對話」放在更大的框架

下，那麼與安東尼奧的談話就會更有意義、更不費力。

　　為了幫助卡洛斯採取不同的觀點，我建議來探討在當前情況下，他可能有什麼樣的學習機會。我解釋說，雖然他可能在沒有意識到的情況下，選擇了現在的處境，但還有其他層面的驅動力可以發揮作用。我指出，有意識的驅動力就像可以看到的冰山一角，而在看不到的地方還有其他意識領域（見後文的圖4）。

　　我和卡洛斯探討了以下三個層面的驅動力，是如何讓他覺得需要與安東尼奧進行重要對話：

- 在**有意識**的層面，我們是充分了解自己在做的事情後，做出決定。例如，對於弟弟遲交房貸一事，雖然卡洛斯很生氣，但他有意識地決定閉口不談。雖然這個決定在當時是有道理的，但是卻讓他感到非常沮喪，所以需要談談。
- 在**潛意識**的層面，我們只是模糊地意識到某些念頭，但它們仍然具有影響力。比方說，「我受夠了在自己家裡幾乎沒有個人的空間。」這樣的想法加劇了緊張情緒，儘管卡洛斯從未表達過這些想法，也沒有太去注意這些事情。
- 在**超意識**的層面，內心深處會產生一種內在的知曉。我們的靈魂正是在這個層面，透過感覺、共時性、直覺，

以及生活中的環境因素，來對我們說話。

圖 4：驅動力的三個層面

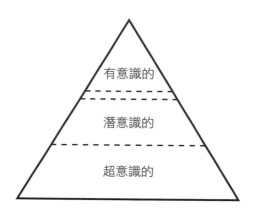

為了幫助卡洛斯更能理解超意識，我們探討了他感受到的那股要他與安東尼奧談話的內在指引，以及希望多年前有與父親談談的心聲，可能都是從這個層面浮現的。**無論是否採取行動**，超意識知道我們要採取的下一步，包括在對話中的下一步。這就是為什麼當我們不跟某人說話，有時會心情不好。在某種程度上，儘管想要抗拒，但我們知道這是要展開未來，所需要發生的事情。

我向卡洛斯解釋說，我相信超意識掌握著人生的藍圖，並一點一點地向我們揭示。超意識為我們帶來了天時地利人和，以便我們逐步變成需要成為的人。

「所以，如果你想像在某種程度上，你已經與安東尼奧和

孩子們一起造成整個局面。」我問，「你可能要學習什麼？」

卡洛斯沉默了很久。「好吧，如果這次重要對話，是關於讓我學會控制憤怒、停止自以為是，並了解其他人的觀點，那麼我想這是完美的局面。」卡洛斯若有所思地說。

「以這種方式看待重要對話，會有什麼不同？」我問。

卡洛斯沉默了一會兒。「這次談話可以了結一直沒有說出口的事情，**而且**能讓我擺脫停滯不前的感覺。」

這次他沉默更久了。

「也許這次談話，甚至可以成為新的開始。」

別把溝通建立在「假設」上

真正的對話是雙方共同創造的。正是彼此的交集，促成了對話。而且，對話是沒有固定結果、預定答案或保證的成果的。當我們讓談話自由發展，交談就充滿了可能性。

我相信這種不可預測性，也是使許多人退出對話的原因之一。畢竟，要放棄掌控一切的幻想，並不是容易的事。然而，當我們找到方法，放手不去控制談話的走向，就會展開新的可能性。這些可能性是我們自己永遠無法接觸到的。

為了幫助卡洛斯與安東尼奧結束過去，並讓他們的重要對話成為新生活的開始，我們探討了這對他自己的未來，可能意謂著什麼。而卡洛斯的心態愈是開放，這次重要對話就愈有可

能成為出路，為人生帶來嶄新的可能。

　　卡洛斯反思說，這次重要對話可能是他人生的轉捩點。在過去的二十年裡，他一直住在家裡，生活非常舒適。而他和安東尼奧把房子拿去抵押貸款後，最近他靠著這筆資金，生活過得更加輕鬆。

　　「但我認為，這讓我變得懶惰。」卡洛斯承認，「現在我覺得自己陷入困境中。」

　　「我需要有自己的空間，但我不知道如何才能賺到足夠的錢，來買自己的房子。我不能要求弟弟搬出去，這樣我會讓他和孩子們失望，還使父母失望。」

　　聽了卡洛斯的話後，我意識到他在做幾個假設。雖然自從他弟弟婚姻破裂後，他確實在經濟上支持弟弟，但其實安東尼奧在法律上，擁有房子一半的所有權。卡洛斯似乎認為，由於他一直在扶養家庭，他在道義上有權獲得老家更大部分的所有權。

　　我與卡洛斯分享了這個觀察結果，並繼續說，聽起來他也在做一個非此即彼的假設。要麼他需要找到個人的住所，但他不確定自己能否負擔得起，要麼他必須要求弟弟搬走。有鑑於他二十年前對爸爸的承諾，這感覺像是在背叛。

　　卡洛斯同意這些是他一直在做的假設，只是沒有意識到。我回答說，這樣的假設通常潛藏在潛意識中，不會被注意到。一旦卡洛斯充分意識到他的非此即彼想法，就更有可能消除這

種想法。「假設」會阻礙談話，因為它們限制了我們談話的空間。

我向卡洛斯建議，在他們進行重要對話時，邀請安東尼奧一起思考未來。他們可能會想出，單靠自己根本無法想像出來的辦法。正是那些新的觀點、解決方案或見解，把一起交談變成真正的對話。

「所以妳的意思是，這種情況會出現創意的解決方案？」卡洛斯確認道，「而且它要透過對話，才最有可能浮現出來？」

「正是如此。」我回答。

「這讓我覺得充滿活力！」卡洛斯微笑著說。

於是，我知道他已經準備好進行重要對話了。

溝通差異與分歧，愛卻更深厚了

幾週後，卡洛斯問安東尼奧他們是否可以談談。有天晚上下班後，內心有個聲音告訴他，這是一個好時機，因為他們都在家裡放鬆休息。即使他仍然對開啟重要對話感到有點緊張，但沒有孩子或媽媽在場，他知道這會更容易。

「對我來說，找到方法來談論我們住在一起的問題，真的很重要。」卡洛斯開始說，「讓我們找到和睦相處的方式，不僅關係到你和我，也影響著孩子、海倫和媽媽。」

令卡洛斯吃驚的是，安東尼奧並沒有像往常那樣閉口不

言。卡洛斯把這當作是正面的信號，繼續說下去。

「我知道我們過去有過分歧。當事情惹惱我時，我有時無法控制住脾氣。我知道最近你壓力很大，而我有時會有點自以為是。」

安東尼奧點點頭，表示願意交談。在討論週末孩子們的安排以及遲交房貸時，卡洛斯小心翼翼地使用以「我」開頭的陳述句，而不是指責安東尼奧的所作所為。卡洛斯保持冷靜，表達了自己的挫折感，並詢問安東尼奧的想法。

他的弟弟為自己陷入財務困境和週末時屋內的狀況道歉。他說，他很感謝卡洛斯在如此艱難的時刻給予支援。安東尼奧停頓了一下，接著講他的感想。

「我想，這是我們第一次在你沒有大發雷霆的情況下，談論彼此的分歧。」他說。

卡洛斯回想起他的輔導課程，很希望自己在二十年前就上了這些課程。

在他們繼續交談時，安東尼奧坦言，他愈來愈擔心孩子們需要一個合適的家。

「我想知道我和海倫是否還有機會復合。」他坦承，「我想再試看看，但不知道如何與她交談，你覺得你能幫我想想，怎麼跟她談話嗎？」

卡洛斯差點從椅子上摔下來，不過他說他非常樂意幫忙。他們決定下次一起去酒吧的時候，邊喝酒邊討論這件事情。

第二天，卡洛斯回顧了前一天晚上和安東尼奧的談話。他意識到，雖然他認為這是關於照顧小孩和財務處理的談判，但實際上更多的是，讓他和弟弟的關係重回正軌。

他們的談話使卡洛斯深受鼓舞，他幫助安東尼奧做好與海倫談話的準備。幾個月後，這對夫婦搬回一起住了，而兄弟倆也同意把家裡的房子租出去。卡洛斯決定接受去智利當自由攝影師的工作邀約，這是他一直想去的國家。隨著他展開新的人生，卡洛斯非常高興地體會到，這場重要對話改變了一切。

重點整理

完成未竟之事對於過好生活至關重要，可以釋放被阻塞的能量，讓人際關係煥然一新，並迎來新的開始。以下步驟將幫助你透過重要對話，找到解決方案：

- **遵循你內心的指示。** 承認你想與某人交談的衝動，傾聽這種感覺，特別是這種感覺沒有消失時。不要忽略這個訊息，因為你可能會後悔沒有談話。
- **為自己的情緒和行為負責。** 找出可能會破壞對話的行為或情緒。透過使用「我……」而不是「你……」開頭的句子，彰顯出勇於承擔的態度。
- **擴大你的覺察範圍。** 尋找共同點。多注意未來而不是過

去。想好自己希望透過對話，取得什麼正面結果。同時，思考自己**和**其他人想從中獲得什麼。

- **加上人情味**。注意你與對方的關係，而不僅僅是要討論的話題。跟他們說為什麼這次對話，對雙方很重要。還有，你希望受到怎樣的尊重，就用同樣的尊重對待他們。

- **積極看待溝通**。接受這次談話，是你人生大局中的一環。明白這次對話，是你逐步改變的完美下一步。

- **讓我們一起好好對話**。放下任何假設，不要預想交談結果會如何。而且，要認知到，最好的解決方案，會在彼此的交集中出現。所以，邀請對方和你一起思考吧。

讓溝通更順利的「神奇比率」

正面的情緒和行為有助於人們成長，並使對話順利發展。比方說，心存感激、表現出熱情或說出喜歡的東西，會讓人更快樂、更健康、更有韌性。而正面的情緒也與更長壽、更成功的伴侶關係，和更強的免疫系統有關。

一旦變得煩躁、表現出輕蔑或表示不屑，談話中就會出現負面的情緒。而經歷過這種惱人情緒的人，更有

可能將他們的談話描述為「空洞」和「空虛」。此外，負能量還與請更多的病假、更差的健康狀況和人際關係不良有關。

芭芭拉・佛列德里克森（Barbara Fredrickson）和羅沙達在《美國心理學家》（*American Psychologist*，2005）期刊上發表的研究顯示，正能量與負能量之間的平衡至關重要。在健康的談話中，正面語言會是負面語言的三倍以上。這種 3:1 的比率反映出，「負面語句的影響力，大過於正面的話」。所以，要用讚賞的評論，去抵消負面話語的毒性，這樣才能改變對話，改善生活。

PART III

對話練習

練習時的注意事項

　　這些練習的目的，是在幫助你為改變人生的對話做好準備。

　　而要把練習的效果發揮到最大，請：

- 在不會被打擾的地方，自己完成這些練習。
- 留出足夠的時間。如果可以的話，每次練習至少花 30 分鐘。
- 確保在開始之前，手邊有所需物品，例如筆和大量的紙。

　　如果你不想，可以不必完成所有練習。有時只要做一個練習，就足以產生內心所需的轉變。希望你喜歡本書的這個部分，以及它將帶來的改變！

回顧：找回勇氣

這個練習的目的，是幫助你找回自己已經擁有的勇氣。請你反思過去表現出勇氣的時刻（包括在你的談話中），以提高自信，並找出對你有效的策略。同時，也請你找出沒有表現出勇氣的時刻，以便你可以從這些經歷中學習，並在未來做出不同的選擇。

畫出人生的時間線

一、畫一條橫線，代表你從出生到現在的時間線。

二、在時間線上，標出你人生中發生轉折點的年齡（例如：18 歲離家；21 歲開始第一份工作；32 歲結婚；52 歲創業；60 歲去旅行）。盡量標示出十個左右的轉折點。

三、如果是需要勇氣才做出的重大改變，就在時間線上方畫一條垂直線。你展現出的勇氣愈多，這條線就愈長。

四、專注於三條最長的垂直線，依次檢視每一條線，然後問自己：

- 要克服的障礙是什麼？
- 什麼策略幫助你鼓起勇氣？
- 結果你感覺如何？

五、在你的時間線上，找出你覺得自己沒有勇敢行動，人生從此轉折的地方，並在時間線**下方**畫一條垂直線。你覺得要鼓起勇氣愈是困難，這條線就應該愈長。

注意三條最長的下行線，依次檢視每一條，然後問自己：

- 要克服的障礙是什麼？
- 是什麼阻止了你鼓起勇氣？
- 結果你感覺如何？

反思

完成這個練習後，請想想：

- 你對於「勇氣」的理解，有哪些改觀與啟發？
- 透過進行或**不進行**勇敢的談話，你覺得自己成長了嗎？
- 下次你必須鼓起勇氣進行重要對話時，你會帶著什麼樣的眼光與心得，來助你一臂之力？

權衡：決定是否對話

　　這個練習的目的，是幫助你就是否進行對話，做出明確而勇敢的決定。在練習中，請你仔細考慮進行對話和保持沉默的風險和益處，並探討其他可行的選項。

一、想一想你正在考慮接受的挑戰和準備進行的對話。

二、清楚說明你面臨的兩個選項。選項 A 是進行對話，選項 B 是保持沉默。針對選項 A，要指明對話的對象。

三、依次考慮選項 A 和 B，寫下它們的風險和益處。

選項 A

與……進行對話

風險

. . . .

. . . .

. . . .

好處

. . . .

. . . .

. . . .

. . . .

選項 B

保持沉默

風險　　　　　　　　　　　**好處**

. . . .

一、一旦你探索了這兩個選項，花點時間休息一下。等到你感
　　到神清氣爽時，請反思你所寫的內容，問問自己，是否還
　　有其他選擇。例如，你能寫信給對方嗎？是否有其他人可
　　以先與你進行交談？

二、想像一年後的兩種情境。第一種是你已經進行了對話（選
　　項 A），第二種則是仍保持沉默（選項 B）。在各自的情況
　　下：

- 你有什麼感覺？
- 你會怎麼想？
- 你和其他人會做什麼？

三、無論是要進行對話，還是保持沉默，做出明確的選擇，並鼓起勇氣接受這個決定。要知道，做出有意識的決定，會帶來如釋重負的感覺。同時，請提醒自己，隨著人生的展開，可以做出新的決定。

內觀：與勇氣談談

　　儘管你可能會有恐懼，這個練習的目的是激勵你鼓起勇氣，與自己勇敢的一面對話。如果你花時間去深入了解和聆聽，這個練習將把你與內心深處的智慧連結起來。你會驚嘆於勇氣對你說的話！

一、放鬆，閉上眼睛，深呼吸幾次。把注意力放回內心，注意你心跳的節奏。在你集中注意力後，回想一下你感到勇敢的時刻（完成「回顧：找回勇氣」練習可以幫助你）。回憶當下身體的感覺，以及你獲得勇氣時的感受。

二、準備好與你稱為勇氣的自己對話。注意是否有畫面出現在腦海中，無論是動物、人還是其他東西。讓你的想像力自由流動，允許體驗順勢發展，不要試圖引導它。首先說，「你好，勇氣。我們可以談談嗎？」

三、等待回應。如果你沒有聽到回應，就盡可能編造一個。這個練習就是要讓你積極發揮想像力。請寫下你說的話和收到的回應。

四、如果感覺合適，就說：「你有什麼要對我說的？我會聽你說。」然後傾聽勇氣的智慧之聲。

五、與勇氣交流與對話，並把內容寫下來。

六、不要試圖控制談話，注意過程中出現的感覺。如果沒有任何感覺，你可能只是保持距離，從遠處觀望，而不是真正參與其中。萬一無法完全投入對話，留待日後再試一次即可。

與勇氣的對話

以下是瑪麗與勇氣的對話。在我撰寫本文之時，她對與未婚夫湯瑪斯談話的前景，感到沮喪和不安。

瑪麗：你好，勇氣。我們可以談談嗎？

勇氣：當然了，我會專心聽的。

瑪麗：你有什麼話要對我說？我會聽你說。

勇氣：我是老朋友，也是可怕的敵人。對妳來說，我是朋友，但對妳人生中不誠實的中間人來說，則是敵人。

瑪麗：誰是「不誠實的中間人」？

勇氣：任何在背後詆毀妳，試圖奪走妳內心平靜的人都算。

瑪麗：你又怎樣成了他們的敵人？

勇氣：因為我讓妳自由地做自己，促使妳繼續向前邁進。

瑪麗：勇氣，你還有什麼要對我說的？

勇氣：讓我常伴左右，就像一個住在妳心裡和肩膀上的人。

瑪麗：在我肩膀上？

勇氣：這樣一來，我可以替妳觀看，掃視目光可及的範圍，並隨時準備好採取行**動**。

瑪麗：為什麼有時覺得你如此遙遠？

勇氣：因為妳沒有和我做朋友，只要呼喊一聲，我就是妳的忠實夥伴。

瑪麗：我怎樣才能與你有更深的情誼呢？

勇氣：召喚我，信任我去做我的工作。等到時機成熟，我的力量將得以發揮。我會帶來改變，有時是徹底的**翻轉**，但絕不是創傷、憾事或恐怖陰影。

瑪麗：勇氣，當我召喚你的時候，會發生什麼事？

勇氣：我會為妳打開牢籠，然後真正的妳可以出現，並飛向天空，迎風展翅，在風中盡情飛翔。

回歸自己：找到需要說的話

　　這個練習的目的，是讓你在開始談話之前先沉澱下來，幫助你清楚知道自己需要表達的內容。練習的最後，還有一些問題可以幫助你，在與對方互動時，建立彼此的橋梁。

心念練習

一、以舒適的姿勢放鬆身體，背部挺直。如果你坐在椅子上，雙腳平貼於地，雙臂和雙腿不要交叉。

二、把注意力集中在呼吸上，吸入你想接收到的要素，比如平靜。呼出任何你想釋放的能量，像是焦慮。重複這樣做幾次，直到你感到呼吸減慢。

寫日誌

三、回想一下你正在考慮進行的對話，以及要交談的人。在腦海中，具象化談話可能發生的地方。

四、完成以下句子：「我在想……」快速寫下第一個浮現在腦海裡的東西。

五、寫下另一個句子，並讓你的手繼續在紙上移動。不要回頭看你寫的東西，只須繼續寫下去。繼續寫，直到寫滿一整頁。如果還有靈感，可以翻到新的一頁，繼續寫下去。

六、從下列不完整的句子中任選一個，開始接著書寫，和之前一樣，請保持書寫的流暢。當你寫滿了這一頁後，就選擇另一個句子，**用直覺寫出**你想到的任何內容。你可以使用所有句子，或選擇那些在某種程度上吸引你的句子：

「我感覺到……」

「我沒有感覺到……」

「我知道的是……」

「我不知道的是……」

反思

回頭看看你寫的東西，再次回想你正在考慮進行的對話。思考以下問題：

- 在這種情況下，我的文章中浮現了什麼？
- 關於我所寫的內容，我想與對方分享什麼？
- 有什麼可能會阻止我分享這些？怎樣才能克服這些障礙？

分辨：什麼該說，什麼不該說？

這個練習的目的，是幫助你為談話做準備。請你仔細考慮想要表達或陳述的內容（表達）、打算探索的內容（提問），以及最好擱置不提的事情（加上括弧）。「加上括弧」能讓你有意識地把最好不要說的事情放在一邊，這樣就可以專注於最重要的事情。

一、請在對應的表格中，寫下你在對話中可能會使用的真實詞語。如果三個表格中的小標對你有幫助，可以直接使用。沒有用的話，不妨把它拋到腦後、隨意更改或加以補充。

二、檢視你在表格中所寫的內容，看看是否產生共鳴，根據需要進行修改。在提問那一欄中，盡可能地納入開放式問題（即以「什麼⋯⋯？」「如何⋯⋯？」「何時⋯⋯？」「為什麼⋯⋯？」和「誰⋯⋯？」開頭的問題）。

加上括號 最好不說的事	
指控和批判	

表達 我的感受、想法、願望和要求	提問 我真心想知道的開放式問題
殘酷的事實	關於我
遺忘的美好	關於對方
從未說出口的話	關於我們的關係

決定好行囊：我想這樣與你聊聊

這個練習的目的，是幫助你提前決定好「行囊」——你想帶入對話的能量或特質。同時，邀你找出想要拋在腦後的心理負擔。畢竟，你要對話時的狀態，決定了是為容器注入正能量，還是負能量。

我希望在談話中，展現的三種狀態

一、拿捏好在這次對話中，你想**表現出**什麼樣子。想清楚三種你希望帶入談話的能量或狀態，把它們視為會為你加油的能量補給，並寫在三張不同的紙上。例如，你可能決定帶上：

信任	力量	體諒

以下清單列出的狀態，是你可以考慮的行囊。歡迎隨意添加其他項目：

接納	寬容	耐心
真誠	感恩	平靜
開朗	誠實	威力
慈悲	幽默	開放
勇氣	善良	不做作

二、當你去談話時，把這三張紙放在口袋、錢包或手提包中。把它們放在身邊作為提醒，它們是你有意識地選擇隨身攜帶的東西。

我想拋開的三種心理負擔

現在決定你想從談話中放下哪些心理負擔。找出三件可能會干擾交談的事情，最好能免則免。把這三件事寫在三張不同的紙上，例如，你可能決定拋開：

憤世嫉俗	緊張	怨恨

以下清單列出你可以拋開的其他心理負擔。歡迎隨意添加其他項目：

冷漠	批判	僵硬
混亂	恐慌	諷刺
怯懦	占有欲強	羞恥
愧疚	憤怒	怨恨
急躁	後悔	緊繃

三、決定你要放置這三個心理負擔的地方，你可以把它們放在抽屜、埋在花園，或者交給朋友保管。選擇感覺最對的處理方式，無論是在日後取回、永遠擺脫，還是把它們作為祭品獻給眾神。另一方面，在你釋放這些不需要的行囊時，好好注意內心的感受。

跨越門檻：釐清對話的目標

　　這個練習的目的，是幫助你釐清跨越人生新篇章所需付出的代價，並使你能夠更清楚地了解對話的目標。

一、花點時間讓身體盡可能舒適。盤腿而坐或坐在椅子上，背部挺直，雙腳平放在地上。安靜下來，坐著不動。閉上眼睛，注意自己的呼吸。

二、想像一下，你正在寫人生的自傳。想一想目錄頁上列出的章節標題，哪個章節與現在有關？睜開眼睛，看著手拿起筆，並寫下標題。

三、拿一張新的紙。問問自己，「我下一章的標題是什麼？」花一兩分鐘，讓標題浮現在腦海中，而不是絞盡腦汁。看著手拿起筆，在新的紙上寫下章節標題。

四、當你看到這個章節的標題時，注意一下它讓你有什麼感覺。如果它引起共鳴，並讓你感覺良好，就繼續用這個標題。要是沒有，是否有別的標題會讓你感覺好一點？

五、把兩張紙放在你面前，左邊是當前章節，右邊是下一個章節。拿出第三張紙，放在中間。在這張紙的最上面寫下「門檻」，寫下你必須做什麼事來結束當前的章節，並進入下一個章節。如果是需要對話，這個門檻代表什麼樣的對話？你需要什麼條件才能進行這個對話？回答這些問題，並記錄下來。

當前的章節	門檻	未來的章節

---------- 練習 ❽ ----------

技巧集合：提升溝通能力

　　本練習的目的，是使你能夠提高談話技巧，幫助你確定自己的優勢，以及你可能需要磨練的技巧。

調查問卷

一、想想最近與某人交談的情況，你希望雙方的對話能更有成效。接著，依次回答問卷中的每組問題，每組有四個句子。請在**最符合**自己情況的句子旁邊打勾：

A）建議要談論的內容。　　　　　　　　　　　☐

B）支持對方說的話。　　　　　　　　　　　　☐

C）清楚地表明你有不同的觀點。　　　　　　　☐

D）對談話本身進行觀察。　　　　　　　　　　☐

A）提出討論的主題。　　　　　　　　　　　　☐

B）同意對方所說的某件事。　　　　　　　　　☐

C）直接質疑對方所說的話。　　　　　　　　　☐

D）談論彼此的對話情形。　　　　　　　　　☐

A）以某種方式展開對話或部分對話。　　　　☐

B）贊成對方說的某事。　　　　　　　　　　☐

C）用對立的觀點反駁對方所說的話。　　　　☐

D）像旁觀者一樣談論對話的內容。　　　　　☐

A）建議你們改為討論其他事情。　　　　　　☐

B）明確表示你喜歡別人說的話。　　　　　　☐

C）提供另一種意見。　　　　　　　　　　　☐

D）分享你注意到你們在一起談話的方式。　　☐

A）提供可以談論的新話題。　　　　　　　　☐

B）鼓勵對方多說幾句。　　　　　　　　　　☐

C）陳述了看待問題的不同方式。　　　　　　☐

D）後退一步看問題，從大局角度來審視。　　☐

計算結果

二、計算你有幾個 A、B、C 和 D，使用後文的表格，找出你
　　最有可能採取哪種行動：推動、跟循、反對還是旁觀。這
　　顯示你的優勢和你帶入談話中的特質，以及如果你過度發
　　揮這個優勢，可能會產生的非預期影響。本書提供了一些

建議，幫助你解決這個問題。

最符合你的情況	你最有可能做出的行動	如果過度發揮，會產生的非預期影響	磨練技巧的方式
A	發起討論的**推動**會帶來： • 方向。 • 焦點。 • 目標。	你在別人眼裡可能是這樣的： • 強勢。 • 霸道。 • 不耐煩。	• 一旦你提出了一個話題，在繼續之前，請確認你得到了對方的同意。 • 舉例來說，詢問「你希望我們談論什麼？」來邀請其他人推動談話。
B	同意對方的意見叫做**跟循**，會帶來： • 完成。 • 和諧。 • 連結。	你在別人眼裡可能是這樣的： • 迎合。 • 順從。 • 優柔寡斷。	• 在你建立了一些共同點後，就明確說明你們的差異處。 • 事先表明自己的立場，並堅持下去。
C	持不同的意見、表示**反對**，會帶來： • 修正。 • 重新調整。 • 挑戰。	你在別人眼裡可能是這樣的： • 批判。 • 令人討厭。 • 好鬥。	• 說出你的需求和目標，而不僅僅是反對的事物。 • 說出你不同意的理由。

D	觀察你們是如何交談的,這叫做**旁觀**,會帶來: • 觀點。 • 中立性。 • 完整脈絡。	你在別人眼裡可能是這樣的: • 不感興趣。 • 退縮。 • 冷漠。	• 說「我想轉換話題」,來表示自己正在做出不同的貢獻。 • 樂於發表自己的意見,而不僅僅是袖手旁觀。

三、現在回到調查問卷,再次閱讀每組中的四句話,並在**最不符合**你的陳述旁邊打叉。計算 A、B、C 和 D 的數量,使用以下的表格,找出你在談話中,最有可能缺少四種行動中的哪一種。接著,想一想,下次與你考慮對談的人交流時,你想講什麼,並用那些詞語來完成相關句子。

最不符合你的情況	可能缺少的內容	磨練技巧的方式
A	推動,發起討論。	• 「我建議我們談談……」 • 「我們來討論一下……」 • 「我們來……怎麼樣?」
B	跟循,同意對方所說的話。	• 「我同意……」 • 「我支持你……的建議」 • 「……聽起來很棒!」
C	反對,不同意對方的觀點。	• 「我偏向……」 • 「……這件事我的看法不同。」 • 「我的質疑是……」

D	旁觀，提供更廣泛的觀點。	• 「我注意到……」 • 「我觀察到的是……」 • 「看起來好像……」

———— 練習 ❾ ————

提升高度：讓互動更順利

　　這個練習的目的，是幫助你對談話有明確的意圖，並打消任何預期，提升意圖到「接受」的層次。這樣即使不能實現你的意圖，也可以繼續與對方互動。

一、記住你想要的對話。在後文表格的最左欄中，寫下你對談話的任何預期（或在另一張紙上畫出同樣的表格）。這些預期可能是正面的，比如認為對方會同意你的看法；也可能是負面的，像是假設你會閉口不言，或對話會損害你們的友誼等等。想一想你對自己、對方和你們之間關係的預期。

二、依次考慮每個預期，把它提升成一種意圖。記住，不要把心力放在特定結果，而是改成更廣泛且正向的描述，並在表格的中間欄寫下三種意圖：一個為自己寫的，一個為對方寫的，一個為你們的關係寫的。讓你的意圖具體、正面和目標明確。

三、回到你對談話的預期。拿起剪刀沿著虛線剪下表格的「預期」欄,並把這張紙扔掉。注意你在釋放預期時的感受。

預期	意圖	可以接受的情況
對我來說	對我來說	對我來說
關於對方	關於對方	關於對方
對於我們的關係	對於我們的關係	對於我們的關係

四、現在再看看你的意圖。問問自己,即使不是你的首選,你能接受什麼情況。在右欄加入一些陳述。

找出情緒觸發點：讓對話不再失控

　　這個練習的目的，是幫助你管理與他人交談時遇到的困擾情緒。若能更清楚地意識到是什麼「觸發」你的情緒，便有助於找出一些應對策略，讓你更放鬆、反應不那麼強烈。

一、回想一下與某個人的困難對話，在圖表中圈出你在對話中經歷的情緒。若有其他困擾的情緒，可在空白處添加。

二、你覺得哪種情緒更容易管理？在旁邊打勾，並指出你使用的應對策略，像是開始放慢說話的速度。

三、你覺得哪種情緒更難管理？在旁邊打叉，依次在這些打上叉號的情緒旁邊，寫下觸發你產生這種情緒的原因，解釋要具體，例如：

- 「艾力克斯拒絕說話時，我感到很沮喪。」
- 「每次艾力克斯指責我在他背後搞鬼時，我感到很焦慮。」
- 「當艾力克斯談到提前退休，我感到不知所措。」

四、回顧你在第二步中確認的應對策略，你可以把哪些成功的應對策略，應用於這些難以管理的情緒？你可能還會發現以下行動會有所幫助：

- 深呼吸幾次。
- 建議暫停對談，出去走走。
- 注意你身體的哪個部位，感受到了這種情緒。

判斷對話風格：讓溝通更有效

　　這個練習的目的，是幫助你更熟練地了解他人的心意。你會更清楚確定自己在四種對話「語言」中，最常使用哪一種。這樣你就可以發揮自己的優勢，同時更加注意到你往往避免使用的語言。尤其，當你和對方「說著不同的語言」時，這個練習更有用。

一、想一想你想要談話的特定對象，仔細看好以下的陳述。請根據你與對方的實際交談情況，在最符合的選項旁邊打勾。

A）重視邏輯性。　　　　　　　　　　　　　☐
B）充分理解對方所說的話。　　　　　　　　☐

A）質疑和批評。　　　　　　　　　　　　　☐
B）尋求共同點。　　　　　　　　　　　　　☐

A）講道理。☐

B）表達感受和溫暖。☐

A）權衡利弊得失。☐

B）尋求共識。☐

A）必要時說話強硬。☐

B）讓事情變得愉快。☐

二、現在，在心裡想著同一個人，並參考以下的陳述 C 和
　　D，然後在最能反映你們交流方式的選項中打勾。

C）注重實際情況。☐

D）注意大局。☐

C）陳述事實和細節。☐

D）仰賴直覺和預感。☐

C）使用具體的例子。☐

D）交流互動上，充滿想像力。☐

C）顧及當下情況。☐

D）考慮未來的可能性。 ☐

C）談論實際的內容。 ☐

D）講述可能發生的事情。 ☐

三、現在數一數，你在各個選項上各打了幾次勾。記住你是 A
多還是 B 多，C 多還是 D 多，並參考以下表格的解釋。
這個表格顯示了你最有可能使用四種「語言」中的哪兩
種，以及如何發揮你的優勢。這個表格還強調了你可能需
要考慮的事項，以便你可以更充分地與他人溝通。

A：頭腦的語言	B：心靈的語言
透過以下方式與他人溝通： • 分享自己的想法和意見。 • 找出話裡的含義。 • 彙整不同的想法。 • 理解關鍵的問題。	透過以下方式與他人溝通： • 表達感受。 • 給對方溫暖的感覺。 • 願意敞開心胸。 • 展現對旁人的關心。
要與別人更充分地溝通，你可能需要考慮： • 分享你的感受，而不是你的想法。 • 確定相似之處和不同之處。 • 即使讓你感到不舒服，也要允許他人表達自己的意見。	要與別人更充分地溝通，你可能需要考慮： • 有時使用你的推理能力。 • 尊重彼此有不同的意見，有時也是可行的前進方式。 • 在適當的時候質疑他人，即使這意謂著動搖局面。

C：手的語言	D：視野的語言
透過以下方式與他人溝通：	透過以下方式與他人溝通：
• 提供務實可行的建議。	• 發揮想像力／直覺。
• 處理細節。	• 放眼大局。
• 注意可以完成的事情。	• 思考未來的可能性。
• 考慮目前情況。	• 尋找可循的模式。
要與別人更充分地溝通，你可能需要考慮：	要與別人更充分地溝通，你可能需要考慮：
• 放下對所有細節的要求。	• 注意當前正在發生的事情。
• 允許自己和他人說，「我不知道。」	• 處理討論的細節。
• 談論未來的可能性，即使它們永遠不會發生。	• 談論當前會影響現實環境的具體事項。

掌握調性：營造對話氛圍

　　這個練習的目的，是幫助你進行更有活力、更樂觀、更振奮人心的對話，從而激發變化。比方說，表達讚賞、熱情和好奇，能營造積極正向的談話氛圍。相反的，輕蔑、不屑或不贊成，則限縮了對話改變人生的可能性。

一、想著你希望與某人進行的重要對話。拿一張白紙，在上面寫上「負面語句」。現在，想想你以前的談話，按照下面例子的格式，列出你所有**可能**對這個人說的話：

- 表示不贊成：「我希望你能聽我的話！」
- 輕蔑：「你永遠做不到。」
- 表示不屑：「我看不出來這有什麼重要的。」
- 持懷疑態度：「一切都不會改變。」
- 酸言酸語：「哼，還真的會有效耶。」

二、接著，拿一張新的紙，在最上面寫上標題「正面語句」。根據你跟這個人過去的談話，請按照以下例句格式思考，

列出你們對談時，所有**可以**說的事情：

- 表示贊同：「我喜歡你的建議。」
- 給予支持：「我也許可以在這方面幫助你。」
- 表示感謝：「我很感謝你的幫助。」
- 充滿熱情：「那是個好主意。」
- 傳達感興趣的事：「我們還可以更進一步。」

三、再拿一張新的紙。如下圖所示，畫兩個圓圈，讓正面語句的圓圈，比負面語句的圓圈大三倍左右。

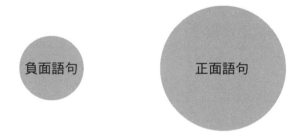

四、審視你本來寫的負面語句。看看你在下一次對話中，可以從務實的角度說些什麼。這些話既符合現實，又是恰當的。把這些語句寫在較小的圓圈中，盡量不要超過三個負面語句。

五、現在，回顧一下你的正面語句。看看你在下一次對話中，可以從務實的角度說些什麼。這些話既真誠，又是恰當的。把這些語句寫在較大的圓圈中，盡量讓正面語句的數

量是負面語句的三倍。

六、把其中一些語句記在腦子裡，以在下一次對話中，說出適
合當時情況的語句。盡量讓每個負面語句，配上三個以上
的正面語句。

————— 練習 ⓭ —————

談論棘手話題：順利說出心裡話

　　這個練習的目的，是幫助你找到方法，來討論目前無法討論的問題。儘管大家都知道需要討論某個主題，但它卻成了禁忌話題。這個練習將幫助你指出這些禁忌，並探索如何著手討論它們。

一、想著一個你很努力要坦誠以待的對象，想一想你們到目前為止進行的對話和談到的不同話題。接著，找出以下話題，完成後文表格：

- 可以自在討論的話題（A）。
- 可以討論，但讓你感到不自在的話題（B）。
- 不可討論，但是實際上不會讓你感到不自在的話題（C）。
- 不可討論，而且也會讓你感到不自在的話題（D）。

	可討論的話題	不可討論的話題
自在的話題	A	C
不自在的話題	B	D

二、看看你在方框 B 中所寫的內容，為什麼談論那些事情會讓你不自在？仔細想想：

- 幫助你克服不舒服感覺的價值觀，例如公平。
- 有利於推進對話的條件，像是問題的重要性。
- 你所依賴的個人素質或資源，比方說勇氣。

三、現在考慮方框 C，為什麼即使你願意談論這些話題，它們也無法討論？仔細思考你可以改變的因素，例如找一個特定的時間來談話。

四、檢視你在方框 D 中所寫的內容，探討以下問題：

- 是什麼讓這些話題無法討論和讓人不自在？
- 要怎樣才能把這些話題，從方框 D 移至方框 B？
- 你會給面臨這個挑戰的人什麼建議？

畫出情緒輪狀圖：誠實表達自己

這個練習的目的，是幫助你對自己的感覺說實話。而自我誠實有助於重要對話的進行。這個練習鼓勵你準確地了解內心的想法。一旦你有了這種清楚的認識，就會更容易向別人傳達你的真實感受。

一、回想一下你所面臨的某次談話，並注意你腦海中閃過的任何想法或觀察結果。如果你覺得它們非常令人投入或讓人分心，不妨寫下來，這會有所幫助。

二、現在閉上眼睛，把注意力放回內心，做幾次深呼吸。問問自己，對於你正在考慮進行的對話，感覺如何。不管浮現什麼感覺，都讓它存在那裡。注意你體內的任何生理感覺，例如胸口的悸動、胃部沉重或喉嚨緊縮。

三、看著下一頁的輪狀圖，圈出任何與你內心感受產生共鳴的詞語。如果有其他更準確反映當下情況的詞語，請寫下來，要盡可能具體明確。比方說，如果你感到「傷心欲

絕」，而不僅僅是悲傷，那麼就用這個詞代替。

四、現在注意這個練習帶給你的感受。這種自我誠實為你帶來
了什麼？如果你感到解脫或開闊舒暢，這透露了什麼訊
息？萬一你有不祥的預感或緊繃的感覺，這又透露了什麼
訊息？

五、最後，感謝自己願意踏入這個自我誠實、自我覺察和自我
接納的地方。

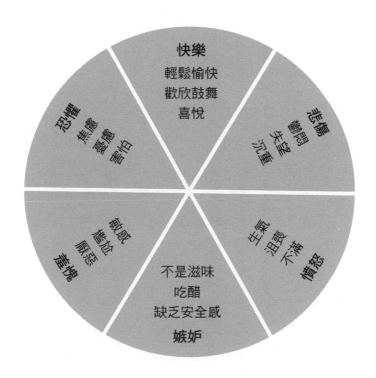

R.A.N.T 練習：建立實質溝通

　　這個練習的目的，是幫助你對自己說出關於對方的真實看法，邀請你表達對他們的怨恨、感謝和需求。一旦你弄清楚了這一點，在進行重要對話時，你就會更容易與他們分享你的真實看法。

一、想一想你正在考慮進行對話的那個人，探索任何沮喪、憤怒或怨恨的情緒，回想任何讓你有這種感覺的具體事件。

二、在後文表格中提供的空白處，完成以下句子，「我因為……怨恨你」具體說明對方所說或所做的事情。例如，不要寫「我怨恨你總是讓我加班。」而是寫「我怨恨你這週第三次要我加班到晚上 7 點。」

三、寫下盡可能多的陳述，繼續寫下去，直到你感到有一種釋放的感覺，因為你「從胸口卸下」了一些情緒。

四、現在完成這個句子，「我因為……感謝你」同樣要具體說明對方所說或所做的事情。比如，「感謝你上週信任我來

處理新客戶的會議。」寫下盡可能多的真誠感謝語句。

五、為了幫助你完成「我需要你……」這句話，問問自己哪些未滿足的需求讓你感到怨恨。比方說，如果你需要某種認可，但尚未得到滿足，你可以這樣寫：「我需要你當面對我說聲謝謝，承認我努力在工作。」

六、回顧一下你對這三句話的回答，在那些仍然符合你想法的句子旁邊打勾。你可能會發現，某些句子已經失去了「真實」效力。請把注意力集中在那些打了勾的句子上，在最後補完這句話：「我對這種情況的真實看法是……」

我因為……怨恨你	我因為……感謝你	我需要你……

我對這種情況的真實看法是……

收集資源：成功應對各種對話

　　這個練習的目的，是幫助你找出可以運用的資源，以進行改變人生的對話。比方說，使你更有能力進行對話的人員、參考資訊和資料。

一、使用後文的圖表，列出可幫助你準備對話的特定資源。依次考慮這三個方面的情況，寫下你可以利用的資源，例如：

- **人員**：同事、朋友、家人、伴侶、顧問、牧師、鄰居。
- **參考資訊**：申訴程序、求助熱線、慈善機構、網站。
- **資料**：電子郵件和其他信件、記錄、你的筆記。

二、確認是否還有其他資源可以提供輔助，比方說：

- 調解服務。
- 支援團體。
- 工作坊（例如，提升自信）。

三、查看不同的資源後，找出你可以採取的具體行動。像是：

- 與同事交談。
- 撥打求助熱線。
- 報名工作坊。

四、最後，想一想如何為自己打氣，並保持精力充沛。找出你可以在以下方面做些什麼事，來幫助你保持堅強：

- 飲食均衡。
- 睡個好覺。
- 有時間放鬆。

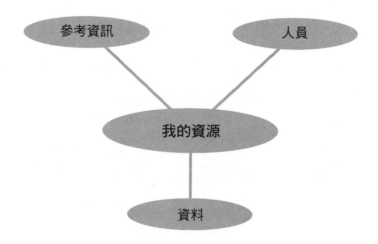

練習 ⑰

重溫對話：看清內心小劇場

　　這個練習的目的，是幫助你更加了解「內心對話」，這樣你就比較不會破壞未來的對話，並且更能靈活思考。以下列出完整的重溫對話練習範例。這個練習的靈感，來自於彼得·聖吉（Peter Senge）、阿特·克萊納（Art Kleiner）、夏洛蒂·羅柏（Charlotte Roberts）、理查·羅斯（Richard Ross）和布萊恩·史密斯（Bryan Smith）1994 年合著的《第五項修練 II 實踐篇》（*The Fifth Discipline Fieldbook*）中的左手欄（Left-Hand Column）練習。

一、回想某次讓你感到不滿意、或產生意外結果的困難對話，例如，當你：
- 與同事合作。
- 收到批評／負面反饋。
- 試圖與你的伴侶討論某事。

二、建立一個兩欄的表格。在右手欄中，盡可能寫出你所記得的談話內容。如果需要，發揮你的想像力來填補空白處。

三、在左手欄中，寫下你的想法和感受，但沒有說出口的內容。

四、看看你在左手欄寫下的**感受**，為你經歷過最強烈的感受畫上底線，確定這些是真實的感受，而不是偽裝成感受的想法（「畫出情緒輪狀圖：誠實表達自己」練習可以幫助你做到這一點）。現在思考一下：

- 你以前什麼時候有過這種感覺？
- 那個場合和這次對話之間可能有什麼關聯？
- 在你的生活中，還有哪些地方可能出現這種模式？

五、看看你在左手欄寫下的**想法**，標示出你變得防禦心重、責備自己或指責對方的內容。這些想法對談話有什麼影響？

六、找出帶進對話會有益的正面想法，在這些想法旁邊加上一個箭頭。你可以如何表達這些想法？你能用哪些詞語來表達？

七、回顧這個練習，想一想你從內心對話中學到了什麼。內心的聲音如何幫助你，又如何阻礙你？你可以做些什麼事，來讓你的內心對話，對你與他人交談的方式，產生正面影響？

特蕾莎的重溫對話練習

　　特蕾莎正在與老闆吉姆開會，審查募款目標的進展情況。在回顧了前一年的情況之後，她向老闆提出她在未來三年內，迅速擴大收入來源的計畫。

沒有表達出來的想法和感受	實際說的話
我對提案感到緊張。	特蕾莎：我認為我可以在未來三年內增加 300 萬英鎊的收入。我的分析顯示，我們需要招募多達三個人，才能實現這個目標。
	吉姆：（看著手錶，翻閱文件，皺起鼻子）嗯，改天再說吧，我現在沒有太多時間，那麼妳有什麼辦法？
	特蕾莎：我想我們可以在三年期間，招募三個人……
	吉姆揚起眉毛，望向別處。
我不擅長為自己辯護。（責怪自己）	特蕾莎：（開始結巴）……而非立刻就把人員招滿。
他總是貶低我，把我說的話當耳邊風。（指責他）	吉姆：（酸溜溜地）有好戲可看了。
我需要先交代一下背景。	特蕾莎：好吧，我想有些優秀的人正在尋找工作，他們最近被裁員了。我相信他們可以專注於與企業贊助商的募款……
	吉姆：我以為那就是我們請妳來做的工作！
為什麼你不明白我已經在做三人份的工作了？（開始防禦起來）	特蕾莎：我在第一年已經募集 100 萬英鎊，正如我之前告訴過你的那樣，我工作的時間很長……

我每天都要工作 12 小時，不管我多麼努力，對你來說永遠不夠好。你還想要我怎樣？（開始防禦起來）	吉姆：我知道我們已經談過這個問題了，但是關於工作時間和如何充分利用時間，妳我有不同的看法。
	特蕾莎：（愣住了，什麼也沒說）
	吉姆：我在妳的考績中，強調了妳工作表現中的弱點。妳需要先處理這些問題。
那是另一個要討論的對話，我需要堅持我的立場。	特蕾莎：我不認為……
	吉姆：（打斷）我期待收到妳簽好名的績效評估。
我的胃在抽筋，大腦開始變得模糊。我真的很焦慮。	特蕾莎：你知道我對績效評估的立場。
	吉姆：等妳簽好績效評估後，我們可以討論妳的計畫。在那之前，我們無法進行合適的對話。
	特蕾莎：吉姆，這些都是穩健的計畫。我相信在經濟衰退期間，這些計畫會對組織的運轉很有幫助。
	吉姆：（看看電腦螢幕，然後看看手錶）我現在得走了。
我感到丟臉，我在不對的時間、以錯誤的方式，提出了這件事情。	特蕾莎：（一言不發地站在那裡）

	吉姆：正如我所說的，我真的必須趕下一場會議了。在我們進行下一次對話之前，妳只須簽好績效評估即可。
我在發抖，覺得徹底被打垮。	特蕾莎：（什麼也沒說就走了）

架好桌型架構：找到對話平衡點

　　這個練習的目的，是幫助你在「談正事」和「與對方建立關係之間」，找到對話的平衡點。當你能夠兼顧兩者，一起談話可以產生新的可能性。

一、使用後文的範例，在桌型架構的左邊桌腳完成「這次談話很重要，因為⋯⋯」的句子，仔細思考為什麼一起談話，對於以下方面很重要：

- 你個人。
- 對方。
- 這個對話可能影響到的其他人。

二、在右邊桌腳，完成「我在其中的表現是⋯⋯」的句子。想一想你做了什麼，以致需要進行這場談話。這可能包括：

- 過去沒有說出來。
- 脾氣暴躁。
- 沒有說謝謝。

三、現在來看桌面的部分，寫下你需要涵蓋的話題。明確地說明你想討論的內容。小心，不要太貪心、想在一次談話中涵蓋所有話題。而是確定話題的優先順序，以便你專注於最重要的事情。

四、關於對話，首先要奠定紮實的基礎。說出對話很重要的原因，以及在需要對話的方面，你所扮演的角色。一旦你們談完這部分，就可以繼續討論其他需要提及的話題。

我們需要談談……

- 週末照顧小孩的安排，包括臨時的變動。
- 每月按時付房貸。
- 家裡公共空間的使用方式，尤其是在週末。

這次談話很重要，因為……	我在其中的表現是……
• 你是我弟弟，我希望我們能好好相處。 • 孩子們在週末需要有一個家。 • 守住老家對我們所有人都很重要。	• 事情困擾到我時，卻沒有說出來。 • 有時脾氣暴躁、自以為是。 • 沒有意識到這對你來說，壓力有多大。

來吧，我們一起談談

我希望閱讀這本書能幫助你跨過門檻，進入對話，開啟不同且更美好的未來。希望這些故事能啟發你，願這些訣竅能對你的處境產生影響。

在花了將近一年的時間寫這本書之後，我更加致力於幫助人們在關鍵時刻，進行對話。我自己的經驗一次又一次地告訴我，在不破壞關係的情況下，就算是要討論困難的話題，也是可能的。一旦找到方式來談論最重要的事情，就走向了更廣闊的道路，更能改變自己**和**周遭人們的生活。對於生活在這個星球上的人類來說，無論是個人還是集體，對話都是我們蛻變、成長的方式。

對話是不起眼的工具，每一個人都可以使用。然而，它確實可以成為一扇門戶，通向更燦爛的現況之路。當我們決定不迴避對方，轉向彼此，這個簡單的舉動就會產生巨大的變化。它可以醫治悲傷，結束無禮舉動，**翻轉憾事**。我們不必生活在辛苦交談的陰影下，如果願意，每個人都可以找到方法，來進行**那場**對話。

當彼此不再有隔閡，就變得有能力做出以前無法想像的事情。來吧，我們一起談談。

莎拉・羅森圖勒

參考書單

Blanton, B., *Radical Honesty: How to Transform Your Life by Telling the Truth*, Sparrowhawk Publications: Vermont, 2003

Bohm, D., *On Dialogue*, Routledge: London, 1996

Brown, J., *The World Café: Shaping Our Futures through Conversations that Matter*, Berrett-Koehler: San Francisco, 2005

Houston, J., *Jump Time: Living in the Future Tense*, Jeremy P. Tarcher: Los Angeles, 2001

Hycner, R., *Between Person and Person: Toward Dialogical Psychotherapy*, Gestalt Journal Press: Gouldsboro, 1993

Hycner, R. and Jacobs, L., *The Healing Relationship in Gestalt Psychotherapy: A Dialogic-Self Psychology*, Gestalt Journal Press: Gouldsboro, 1995

Isaacs, W., *Dialogue and the Art of Thinking Together: A Pioneering Approach to Communicating in Business and Life*, Bantam Doubleday Dell: New York, 1999

Kahane, A., *Power and Love: A Theory and Practice of Social Change*, Berrett-Koehler: San Francisco, 2010

Kahane, A., *Solving Tough Problems: An Open Way of Talking,*

Listening and Creating New Realities, Berrett-Koehler: San Francisco, 2004

Kantor, D., *Reading the Room: The Four Levels of Leadership Dynamics*, Jossey-Bass: San Francisco, 2011

Katie, B., *Who Would You Be Without Your Story?*, Hay House: Carlsbad, 2008

Keyes, K., *Handbook to Higher Consciousness*, Eden Grove: Middlesex, 1975

Patterson, K., Grenny, J., McMillan, R. and Switzler, A., *Crucial Conversations: Tools for Talking When the Stakes are High*, McGraw-Hill: New York, 2002

Rosenberg, M., *Nonviolent Communication: A Language of Life*, Puddledancer Press: United States, 2003

Rowan, J., *The Transpersonal: Spirituality in Psychotherapy and Counselling*, Routledge: London, 2005

Schein, E., *Helping: How to Offer, Give and Receive Help*, Berrett-Koehler: San Francisco, 2009

Senge, P., Kleiner, A., Roberts, C., Ross, R. and Smith, B., *The Fifth Discipline Fieldbook: Strategies for Building a Learning Organization*, Nicholas Brealey: London, 1994

Senge, P., Scharmer, O., Jaworski, J. and Flowers, B., *Presence: Exploring Profound Change in People, Organisations and*

Society, Nicholas Brealey: London, 2005

Shaw, P., *Changing Conversations in Organisations: A Complexity Approach to Change*, Routledge: London, 2002

Stone, D., Patton, B. and Heen, S., *Difficult Conversations: How to Discuss What Matters Most*, Penguin: London, 1999

Walsch, N.D., *Conversations with God: An Uncommon Dialogue*, Hodder and Stoughton: London, 1995

Walsch, N.D., *The New Revelations: A Conversation with God*, Hodder and Stoughton: London, 2003

Wheatley, M., *Turning to One Another: Simple Conversations to Restore Hope in the Future*, Berrett-Koehler: San Francisco, 2002

Zeldin, T., *Conversation*, Harvill: London, 1988

致謝

作者致謝

這本書是真正的共同創作，如果沒有許多人的幫助，本書永遠不會誕生。感謝所有被提及和未被提及的人，謝謝你們對這本書的關心和好心支持。特別感謝那些讓我與他們一起走上重要對話之路的人。感激他們讓我分享我們一起學到的東西。

非常感謝尼爾・唐納・沃許，他不僅慷慨地寫了推薦序，而且他對「新靈性」的智慧，永遠改變了我的人生。他願意把自己的人生，當成一本公開的書籍來展示，這確實鼓舞人心。我在 2007 年，從他的生命教育課程中結業。從那時起，沃許對我的工作始終給予支援，這讓我充滿信心，替那些對靈性有興趣的人舉辦「嶄新的你」（A New You）工作坊和靜修營。

衷心感謝威廉・伊薩克，他是一位真正的先驅，感謝他在對話中的創意天賦和思維領導力。感謝美國 Dialogos 顧問團隊的所有成員，以及我在英國的同事西斯・克拉莫（Cees Kramer）和安德里亞斯・普利斯特蘭（Andreas Priestland）。此外，我也要感謝「集體智慧領導力」（Leadership for Collective Intelligence）和「女性領袖成長之路」（Coming Into Your Own）課程中的所有主持人和參與者，感謝他們的陪伴和許多的創意

對話。我也感謝克利夫・貝瑞（Cliff Barry）透過他出色的「面對陰影」（Shadow Work®）練習，幫助我探索自己性格中更深、更黑暗的面向。

感謝彼得・加勒特和珍・鮑爾（Jane Ball），他們讓我更理解，當人與人之間築起高牆時，該如何交談。尤其是他們針對戒備森嚴監獄中的囚犯和工作人員，取得了非凡的研究成果。在人與人之間的互動方面，大衛・坎特一直指導我成為更好的交流推手。莎拉・希爾（Sarah Hill）用她的友誼和諮詢工作，不斷地激勵著我。

我非常感謝在這份書稿的撰寫過程中，順利組成的朋友團隊。翠西雅・格蕾絲—諾頓（Tricia Grace-Norton）一路陪伴著我：當我遇到困難，她提供支援；在我的靈感湧現時，她為我加油。在為期十個月的寫書過程中，她對每一章都給予了一貫、仔細、清楚的反饋。蒂亞・阿蘇雷（Tia Azulay）與我分享了她非凡的語言天賦和專業的編輯眼光，她就像一位美術老師在素描上加了一條線，使畫面突然變得更準確、更美麗，幫助我找到心聲並表達出來。

與前夫、我永遠的朋友吉列爾莫・羅森圖勒（Guillermo Rozenthuler）的對話，對這本書產生了重大影響。感謝我們曾有的愛，感謝他告訴我他的真實看法，使我可以在最需要的時候，讓這本書回到正軌。

約翰・希金斯（John Higgins）給予了我深刻的見解，並重

新組織本書的所有章節。在他的幫助下，我人生中的某些故事從陰影中被引出來。我找到了寫出這些故事的勇氣。羅傑·克羅斯（Roger Cross）在我寫作時和我幽默地討論，琢磨我的想法，並指出我可能會讓自己和他人感到尷尬的情況。非常感謝！我親愛的朋友凱倫·史可思（Karen Scholes）在一次寶貴的週末旅行期間，在蘇格蘭芬德杭（Findhorn）的脈輪花園散步後，幫助我對七大轉變進行排序。

大衛·亞當斯（David Adams）是一位真正的長輩，帶來了明智的建議，說明對話是心靈的良藥。伊蓮娜·庫西斯（Elina Koussis）親切地編輯了一些故事，在此過程中還教給了我一些英語知識。菲爾·卡特萊特（Phil Cartwright）不斷地鼓勵我，在我過於埋頭於本書時，他幫助我保持更廣闊的視野。才華橫溢的平面設計師麥克·威爾遜（Mike Wilson）精心設計了書中圖表。尼爾·安德森（Neil Anderson）是心理學和人生方面的教授，他指導我如何在寫作時保持理智。

在我需要極盡所能地發揮創意時，與其他知音的「滋補談話」，為我提供了養分。特別是塞爾瑪·羅（Thelma Rowe），她真是個珍寶。艾許·漢斯拉吉（Ash Hansraj）陪伴我在筆記型電腦前，度過了原本漫長而孤獨的冬天。與我走上瑟里大學（University of Surrey）「靈性發展和引導」研究生課程的靈性旅客——安德魯·伍德蓋特（Andrew Woodgate）、安妮塔·休斯（Anita Hughes）、克里斯·法蘭普頓（Chris Frampton）、克

里西・阿斯特爾（Chrissie Astell）、彼得・丹比（Peter Danby）和瑟琳娜・阿特金森（Serena Atkinson），也是很好的夥伴。

感謝過去十二年來，在企業界與我共事過的所有客戶。我很幸運能遇到成就如此卓越的人，他們激勵我繼續以自己微小的方式做出貢獻。如果沒有做過這些諮商和引導工作，我永遠不會了解進行重要對話所需具備的要素。特別感謝英國心理學會，邀請我為其他心理學者舉辦以對話為主題的研討會，並使我在執業上更加嚴謹。

感謝阿德里安・摩爾浩斯（Adrian Moorhouse）、多米尼克・馬奧尼（Dominic Mahony）和顧問公司 Lane4 的團隊。這些奧運獎牌得主、精英人士和運動心理學家，都幫助我在領導力發展工作中，「提升了水準」。感謝葛蘭姆・李（Graham Lee）和 The Thinking Partnership 顧問公司的所有同事，他們鼓勵我找到作為顧問的「優勢」，同時深化覺知。

我也感謝每一位參加過、我自 2007 年以來舉辦的「嶄新的你」身心靈活動的參與者。謝謝海倫・鄧恩（Helen Dunne）和在倫敦主持「與上帝對話」討論小組的布萊恩・希爾—塞繆爾（Brian Hill-Samuel），他們是寶貴的盟友，幫助我成立工作坊和靜修營。透過圍著圓圈而坐、交談和傾聽，我開始體會到，當人們分享自己的故事，會有多麼大的療效。

茱蒂絲・席利格是一位真正的瑜伽修行者，教會了我「身體」在交流時的重要作用。若沒有她的指導，我也無法以必要

的姿態，來展開重要對話。5Rhythms® 動態冥想練習的老師蘇‧理查茲（Sue Rickards），帶領我發現跳舞時沒有舞步（和對話時沒有腳本）的樂趣。我的導師和完形（Gestalt）心理學大師賽門‧卡維奇亞（Simon Cavicchia），讓我在一路上保持穩定，並親身體驗到何謂「真誠對話」。

我沒有想要寫這本書，是它主動找上我的，是專案編輯珊卓‧里格比（Sandra Rigby）在腦海中提出本書的構想。我將永遠感激有機會受邀來寫我一直想寫的書，太神奇了！在我慢慢修改各個章節的同時，珊卓敏銳的反饋與我一同塑造了這本書。菲奧娜‧羅伯遜（Fiona Robertson）在編輯書稿方面做得非常好，提供了完美的修改和支援。感謝 Watkins Publishing 出版團隊的所有人，實現了這本書的問世。

最後，非常感謝我的家人：敏和達力、媽媽和爸爸、安娜和馬克、傑瑪和奧利、約翰蒂、艾蜜莉和湯姆。我們的談話讓我的生活充滿愛，使我的靈魂充滿歡笑。願大家都有更多歡樂的時刻。

出版商致謝

作者和出版社在此感謝以下人士，允許轉載他們的版權資料：

第 6 章開頭引文：摘自尼爾‧唐納‧沃許所寫的《與神對話 I》（*Conversations with God: Book 1*），由倫敦 Hodder and Stoughton 出版。版權所有 ©1995 年。經尼爾‧唐納‧沃許同意授權使用。

第 6 章圖 1：圖表經大衛‧坎特同意授權使用。

第 9 章開頭引文：摘自拜倫‧凱蒂的《轉念瞬間，喜悅無處不在》（*A Thousand Names for Joy*），由紐約 Harmony Books 出版。版權所有 ©2007 年。經拜倫‧凱蒂同意授權使用。

第 10 章開頭引文：摘自嘉柏麗‧博西斯所寫的《祂與我》（*He and I*），由蒙特羅 Médiaspaul 出版。版權所有 ©1988 年。經 Médiaspaul 同意授權使用。

好好對話的力量

作　　者　莎拉‧羅森圖勒（Sarah Rozenthuler）
譯　　者　黃庭敏
主　　編　呂佳昀

總　編　輯　李映慧
執　行　長　陳旭華（steve@bookrep.com.tw）

出　　版　大牌出版 / 遠足文化事業股份有限公司
發　　行　遠足文化事業股份有限公司（讀書共和國出版集團）
地　　址　23141 新北市新店區民權路 108-2 號 9 樓
電　　話　+886-2-2218-1417
郵撥帳號　19504465 遠足文化事業股份有限公司

封面設計　Dinner Illustration
排　　版　新鑫電腦排版工作室
印　　製　中原造像股份有限公司
法律顧問　華洋法律事務所　蘇文生律師

定　　價　420 元
初　　版　2024 年 2 月

電子書 E-ISBN
9786267378373（EPUB）
9786267378380（PDF）

國家圖書館出版品預行編目資料

好好對話的力量/莎拉‧羅森圖勒（Sarah Rozenthuler）著；黃庭敏 譯. --
初版. -- 新北市：大牌出版，遠足文化發行, 2024.02
320 面；14.8×21 公分
譯自：How to have meaningful conversations : 7 strategies for talking about
what matters
ISBN 978-626-7378-39-7（平裝）
1. CST: 自信　2. CST: 對話　3. CST: 說話藝術

192.32　　　　　　　　　　　　　　　　　　　　112021684